KB202998

언약의 여정을 걷는다

언약의 여정을 걷는다(CVDIP해설)

발행일 2019년 3월 15일 초판 1쇄
지은이 나용화
발행인 박정자
발행처 에페코북스
디자인 류호연 이미경 김영주
주 소 서울시 영등포구 여의도동 14-5
제작처 ㈜예손그리너
대표전화 (02)2274-8204
팩 스 (02)2274-1854
이메일 rutc1854@hanmail.net
등 록 제20011-999127호

Copyright©에페코북스,2019,Printed in Korea
ISBN 979-11-85312-53-8

*이 책의 저작권은 에페코북스가 소유합니다.
*신저작권법에 의하여 한국 내에서 보호받는 저작물이므로 무단 전재와
  복제를 금합니다.

언약의 여정을 걷는다

CVDIP해설

나용화 지음

에페코북스

목 차

저자의 말

예수님께서 나를 친히 만나 주셨다. 친구의 소개로 다니게 된 선교단체(UBF)에서 영어회화만 열심히 배우고 성경 공부는 형식적으로 했다. 그렇게 대학 1학년을 보냈다. 겨울 방학 때 집중적으로 성경을 배우고, 수련회에 참석했으나 마음의 문이 열리지 아니했다. 성경도, 하나님도, 예수님도, 구원도 전혀 관심이 없었다. 정말 꽉 막히고 답답한 놈이었다.

친구들의 손에 끌리어 대학 2학년 여름 전주에서 열리는 수련회에 참석케 되었다. 엄두섭 목사님이라는 분이 강사로 오셔서 설교하셨다. 설교 말씀을 듣고 "위에 계신 나의 친구"라는 찬송을 부르던 중 예수님이 나를 만나 주셨다. 마음의 문이 열리고 회개하는 기도가 터져 나왔다. 눈물 속에서 찬송하며 나를 만나 주신 예수님께 완전히 붙잡혔다. 4박 5일 동안 찬송과 기도로 주님을 부르며 즐겼다. 그리스도 예수 안에서 새 사람이 되었다. 하나님의 그 크신 은혜, 그 때의 첫 믿음과 첫 사랑은 너무나도 감격스럽고 뜨거웠다.

예수님과의 첫 만남이 있은 후 성경을 읽기 시작했다. 창세기부터 읽었다. 읽자마자 성경 말씀에 붙잡히기 시작했다. 성경이 낯설지가 않았다. 말씀 속으로 빠져들었다. 학교 강의 시간 외에는 성경 읽는데 재미를 붙였다. 영어 성경도 읽었다. 3학년 1학기가 끝나던 때에 성경을 우리 말로 2회, 영어로 1회를 읽었던 것 같다. 겨우 1년 성경을 읽었을 뿐인데, 창세기에서 요한 계시록까지 줄거리와 맥의 흐름을 막힘 없이 친구들에게 말할 수 있었다. 1년 동안 나는 성경 말씀에 사로잡혔던 것이다.

3학년 2학기부터는 캠퍼스 리더가 되어 그룹 성경 공부 인도와 1:1 성경 가르치기, 전도와 선교 등 오로지 복음 전하는 일에 전심 전력했다. 나는 성경 말씀과 함께 성령에 붙잡혔다. 성경을 가르치고 복음을 전하는 일이 너무나 즐겁고 행복했다. 4학년 여름 방학에는 제주도에 가서 한 달 동안 그곳 대학생들 몇 명에게 창세기와 로마서를 가르쳐 주었다. 전혀 힘들지 아니했다.

나는 하나님의 놀라우신 은혜로 예수님께 붙잡히고, 성경 말씀에 붙잡히고 그리고 성령에 붙잡혀, "성경 한국, 통일 한국, 선교 한국"을 위해 달리기 시작했다.

민족을 등에 엎고, 세계를 가슴에 품고서 하나님의 영광을 바라보았다. 나의 인생은 그렇게 하나님의 언약의 여정을 걷기 시작했다.

이제 신학교 교수로, 교회의 목사로 섬기며 살아온 지도 벌써 40년을 넘어 지났다. 40여년의 지난 세월을 되돌아 볼 때, 감사하게도 예수 그리스도 안에서 하나님의 은혜로 복음의 말씀을 통해 하나님의 언약(Covenant)을 붙잡고, 정의와 공의와 공정과 함께하는 은혜와 인애와 긍휼의 하나님 나라의 환상(Vision)을 가지고, 성령의 권능으로 세계복음화의 꿈(Dream)을 꾸며, 237 개 나라 살리고져 말씀과 기도로 구상(Image)하며, 나의 삶의 현장과 선교지 현장에서 복음을 가르치고 전하며 실천(Practice)하는 언약의 여정을 쉼 없이 여기까지 걸어왔다.

본서는 CVDIP의 골격과 아이디어는 류광수 목사님(렘넌트신학연구원 원장, 세계복음화 전도협회 이사장)에게서 전적으로 빌려왔다. 그리고 본서에서는 영어성경 ESV(English Standard Version)을 참고 하였고, 때로는 개인적으로 번역하여 성경 구절을 사용하였다.

이 작은 책자를 출간하면서 감사를 표하고 싶은 몇 분들이 있다. 우선, 지난 6년 렘넌트신학연구원에서 석

좌교수로 강의할 수 있도록 배려해 준 류광수 원장님과 기도의 배경이 되어 준 신학생들과 직원들에게 깊은 감사와 고마움을 표하고 싶다. 특별히, 내가 렘넌트신학연구원에서 교수 사역을 시작하면서 맨처음으로 만난 박소연 학생에게 감사하고 싶다. 북한에서 주체사상으로 세뇌된 소연 학생은 난생 처음으로 성경과 신학을 접한 까닭에 모든 것이 생소하여 나의 개인 지도가 필요했다. 그는 이제 어엿한 북한 선교의 주역으로 성장하였고, 2월에는 졸업을 하게 되었기에, 이 책으로 축복하고 축하한다.

그리고 개인적으로 깊은 사랑과 정을 따스하게 베풀어 준 광주예일교회의 박성진 목사와 장에스더 사모, 동남아 선교의 거점인 싱가폴임마누엘미션교회의 정지태선교사와 박은영 사모에게도 깊은 감사를 드린다. 원고를 타이핑하고 정리하느라 수고한 김창엽 목사(렘넌트신학연구원 조교)와 본서의 출판을 맡아주신 에페코북스(대표 박정자 권사님)에게도 감사를 드린다.

본서가 작년에 출간된 「성경적 기독교 세계관」(기독교문서선교회)과 함께 하나님께 큰 영광을 돌릴 수 있게 되기를 소원한다.

2019년 2월 8일 저자

🌱 머리말

하나님의 언약에는 큰 흐름이 있다. 하나님의 믿음의 사람들은 그 흐름 속에서 언약의 여정을 열악한 환경에도 굴하지 않고 걷는다.

우선, 창세기에 보면 하나님의 언약의 흐름 속에서 아브라함과 이삭과 야곱과 요셉이 언약의 여정을 걸었고, 출애굽기에는 모세가, 그리고 사무엘서에는 다윗이 있다. 하나님께서는 천 대에 명령하신 말씀, 곧 그가 영원히 기억하신 언약을 아브라함과 이삭과 야곱과 맺으셨다(시 105:8-10). 이 영원한 언약을 위해서 그들에 앞서 요셉을 이집트로 보내셨고, 하나님께서는 요셉을 족쇄와 쇠사슬에 매이게 하여, 그의 언약의 말씀이 이루어질 때까지 그 언약의 말씀으로 그를 단련하셨다(시 105:17-19).

요셉이 죽고 나서 이집트에 요셉 때와는 다른 왕조가 통치권을 잡게 되자, 하나님은 아브라함과 맺은 그의 언약을 기억하고서(출 2:24) 모세를 불러 세우고 그와 언약을 맺으셨다(출 3장). 하나님은 출애굽 사건을 통하여 이스라엘 백성을 하나님의 언약이 있는 제사장 나라요 거룩한 민족으로 삼으셨다(출 19:6). 그리고 하나님은 모세에게 말씀하셨다. "너는 참으로 여호와 네 하나님의 거룩한 백성이다. 여호와께서 너희를 사랑하시고 택하신 것은, 너희의 조상에게 하신 맹세를 지키시려고 강한 손으로 이집트 왕 바로의 손에서 너를 구속하셨다(신 7:6-9). 특별히, 하나님은 시내산에서 십계명을 주시어 모세와 언약을 맺으셨다(출 20:1-16; 24:1-8).

사사시대 이후 사무엘이 선지자로 있던 때, 하나님은 다윗을 통일된 북쪽 이스라엘과 남쪽 유다 왕국의 왕으로 세우시고, "그의 왕국을 견고하게 할 것이다. 나는 그의 왕국의 보좌를 영원히 견고하게 할 것이며, 나는 그의 아버지가 되고 그는 내 아들이 될 것이며, 네 집과 네 왕국이 내 앞에서 영원히 보전되고, 네 보좌가 영원히 견고할 것이다."(삼하 7:12-16).

아브라함은 그의 후손을 통해서(창 12:7; 갈 3:16), 모세는 자기 같은 한 선지자를 통해서(신 18:18) 메시아를 보고 믿었으며, 다윗은 하나님의 말씀 속에서 고난의 메시아(시 22편), 목자되신 메시아(시 23편), 하늘 보좌에 계시는 영광의 메시아(시 24편), 멜기세덱의 계열을 따른 제사장(시 110:4), 주되신 메시아(시 110:1; 마 22:43-45)로 보고 믿었기에, 그 메시아를 통해서 언약의 여정을 그들은 걸을 수 있었다.

마태복음 1장에 기록되어 있는 그리스도 예수님의 족보에도 언약의 흐름이 있는데, 그 언약의 흐름 속에 있는 자들이 있는가 하면, 빠져 있는 자들이 있고, 언약의 흐름이 끊어진 듯한데도 불구하고 그 흐름을 이어가는 자들이 있다. 아브라함으로부터 다윗까지의 언약의 흐름을 보면, 네 명의 이방인 여자들이 소개되어 있다. 유다에게서 베레스를 낳은 다말, 살몬에게서 보아스를 낳은 라합, 보아스에게서 오벳을 낳은 룻, 그리고 다윗에게서 솔로몬을 낳은 밧세바 등이다. 이 네 명의 여자들은 모두 이방인들이요, 아주 안 좋은 상황에도 불구하고 여호와 하나님을 믿고 언약의 흐름을 탔다.

다말은 자기 남편이 죽고나서 가문의 대를 이어야 할 시동생도 잠자리를 같이 하다가 죽게 되자, 시아버지인 유다가 막내 아들마져 잃을까 염려되어 그 여자를 친정에 보내고 소식을 끊었다. 이같이 안 좋은 상황에서도 다말은 언약의 흐름 속에서 믿음으로 유다에게서 베레스를 낳았다(창 38장). 라합은 천한 이방인 기생이었으나(수 2:1), 천지의 주권자이신 여호와, 홍해의 물을 마르게 하신 구원의 주님을 믿었다(수 2:10-11). 이방여자 룻은 시아버지와 남편과 시아주버니를 다 잃고, 기근으로 먹을 것조차 구하기 힘든 상황에서도 시어머니 나오미의 하나님을 자기의 하나님으로 믿고, 베레스의 족보에 나타난 대로, 다윗에 이르는 언약의 흐름을 이어갔다(룻 4:18-22).

다윗으로부터 바벨론 포로에 이르기까지의 족보에는 네 명의 왕들이 언약의 흐름에서 빠져 있다. 여호사밧의 아들 요람(또는, 여호람)의 후손 3대, 곧 아하시야, 요아스, 아마샤가 빠졌다(참고, 마 1:8; 대상 3:11-12). 이는 여호사밧이 아들 요람에게 아합과 이세벨의 딸 아달랴를 아내로 맞게 하여, 아합과 이세벨이 섬긴 우상들을 남쪽 유다 왕국이 섬겨 죄를 범하게 했기 때문이다(왕하 8:18). 족보에서 빠진 다른 나머지 한 왕은 여호야김이다(참고, 마 1:11; 대상 3:15-16). 여호야김은 예레미야의 예언의 책을 칼로 찢어 화로불에 태운 죄를 범했기에 언약의 흐름에서 배제되었다(렘 36:23).

바벨론에 포로로 유대 백성들이 잡혀감으로써 언약의 흐름이 끊어진 듯했으나, 하나님은 스룹바벨을(참고, 마 1:12) 여호와의 인장(signet ring)으로 삼아 다윗 언약의 성취를 위해 세웠다(학 2:23). 하나님은 선지자 스가랴와 학개 등을 세우셔서 스룹바벨을 도와 성전을 재건하게 하여 언약의 흐름이 끊어지지 않게 하셨다. 이로써 때가 차매, 그리스도라고 하는 예수님이 태어나심으로 언약의 흐름이 마무리 되었던 것이다(마 1:16).

아브라함과 모세와 다윗과 세운 언약의 성취자요 중보자이신 그리스도(히 9:15)가 오시어 성령의 권능으로 하나님 나라의 복음을 선포하여(마 4:7, 23; 눅 4:14-15, 43) 하나님의 나라를 세우셨다(참고, 마 12:28; 눅 17:21). 그는 복음선포를 위하여 그의 제자들을 부르셨다(막 3:14). 그리고 부활 승천하던 때에는 그 제자들이 성령의 권능을 힘입어 복음의 증인이 되어 세계 복음화를 꿈꾸게 하셨다(행 1:8; 행 19:21). 이로써 제자들은 그리스도 예수님과 그의 복음을 통해 언약을 붙잡았고, 그 언약 속에서 하나님 나라의 환상을 보았으며, 그 환상 속에서 세계복음화의 꿈을 꾸었으며, 그 꿈을 위하여 오로지 말씀과 기도에 집중하였고, 회당 중심으로 어디에서나 복음을 선포하여 듣는 자마다 구원과 영생을 얻게 하였다. 언약(covenant)과 환상(vision)과 꿈(dream)과 구상(image)과 실천(practice)을 통해 언약의 여정을 걸으므로 참된 인생 작품이 만들어진 것이다.

1장

언약(Covenant)

사도행전 1:1

제1장

언약(Covenant)

사도행전 1:1

데오빌로여 내가 먼저 쓴 글에는
예수께서 행하시고 가르치시기를 시작하심부터

　　기독교는 언약의 종교이다. 예수님이 오시기 이전은 옛 언약의 시대이고, 이후는 새 언약의 시대이다. 예수님은 새 언약의 성취자요, 중보자이시다. 그는 언약의 실체이시오 복음이시다. 따라서 그리스도에게 속한자들, 곧 그리스도인들은 언약의 흐름을 따라 언약의 여정을 걷는다. 그들은 언약 없이는 하루도 살 수 없는 것이다. 언약을 붙잡아야 비전, 곧 환상을 보고, 환상 속에서 꿈을 꾸며, 구체적으로 구상하고, 복음 선포를 통하여 세상을 구원하는 일을 실천에 옮길 수 있다.

1. 언약의 정의

언약(covenant)은 계약(contract)과 비슷해 보이지만, 본질적으로 다르다. 언약으로서의 결혼이 계약 결혼과 비슷해 보이나, 본질적으로 다른 것과도 같다. 계약 결혼은 남녀간에 서로 이해관계가 맞는 경우에는 함께 한 몸 이루어 살지만, 맞지 않으면 언제라도 쉽게 별다른 상처 없이 헤어질 수 있다. 이는 참된 사랑으로 맺어진 결혼이 아니기 때문이다. 계약 결혼은 일시적인 동거에 불과하고, 죽음과 삶, 불행과 행복, 가난과 부요를 막론하고 처음부터 끝까지 평생을 함께 할 이유도, 의무도, 책임도 없다. 이에 반하여, 언약 결혼은 깊은 사랑에 근거하여 한 몸을 이루어 산다. 죽음이 서로를 갈라 놓기까지는 불행하거나 병들거나 가난하거나 어떠한 경우에라도 함께 이겨내며 사랑을 키운다. 평생토록 서로 함께 하는 것을 원칙으로 하는 것이 언약 결혼이다.

계약은 두 당사자가 이해 관계를 조건으로 하여 약속하고 맺는 관계이다. 예컨대, 부동산 매매나 국가 간의 조약 등은 이해관계로 맺어지는 계약이다. 계약은 존중되어야 하고 지켜져야 마땅하나, 파기하는 경우에는 손해를 배상하면 쉽게 해지될 수 있다. 이 계약에는 사랑이 끼어들 여지가 없다. 오직 이해관계의 득실이 있을 뿐이다.

이에 반하여, 언약은 본질적으로 사랑의 신뢰와 순종을 조건으로 하여 약속하고 맺는 관계이다. 특별히, 성경의 언약은 피로써 맺어지는 사랑의 결속(bond of love administered in blood)이다. 그리스도의 피 흘림을 통해서 하나님과 우리 사이에 아버지와 자녀로서, 또는 남편과 아내, 또는 왕과 백성으로서 사랑의 순종과 신뢰의 관계를 맺는 것이 언약이다. 그래서 예수님께서는 성만찬을 베푸시는 자리에서 자신이 흘리는 피를 가리켜 언약의 피라 하셨다(마 26:26). 바울도 이와 관련하여, "이 잔은 내 피로 세운 새 언약이다."(고전 11:25)라고 말하였다. 언약은 그리스도에게 속한 자들이 하나님의 자녀의 권세를 얻어 누리게 하는 바 그리스도의 피로 맺어진 하나님과의 사랑의 결속이다.

하나님께서 언약을 맺으실 때 행하시는 의식(ritual)은 제물을 둘로 쪼개는 것이다. 히브리어로 '언약'은 '베리트'라 하고, '쪼개다'는 '카라트'라는 동사를 사용한다(참고, 창 15:18). 그래서 영어로는 '언약을 맺다'를 'to cut the covenant'로 번역한다. 창세기 15:7-11에 보면, 하나님이 아브라함과 언약을 맺으시던 때 삼년 된 암소와 암

염소와 숫양의 제물들의 경우 그것들의 가운데를 쪼개라 하였고, 산비둘기와 집비둘기는 제물의 크기가 쪼개기에는 작기 때문에 그 머리를 비틀어 끊게 하셨다(참고, 레 1:6,15). 제물을 쪼개는 것이나 머리를 비틀어 끊는 것은 만일 언약을 파기하는 경우 반드시 죽게 된다는 것을 의미했다(참고, 창 2:17, "선악과를 먹는 날에는 반드시 죽을 것이다").

그런데 그 쪼개 놓은 것들 사이로 횃불이 지나간 것은, 횃불 가운데 자신을 나타내신 하나님께서(참고, 출 3:2; 신 4:12 떨기나무 불꽃 속에서 하나님이 나타났고, 행 2:3, 불처럼 갈라진 혀들로 나타나셨다.) 그 언약에 대하여 전적으로 책임을 지신다는 것을 의미했다. 언약을 위해 친히 제물을 준비하시는 분은 여호와이레 하나님 자신이요, 그의 유일하신 아들 예수 그리스도를 유월절 어린양, 곧 영원한 속죄제물로 내어주어 죄에 대한 저주와 형벌과 죽음을 당하게 하여 자기의 사랑을 확증하셨다.

창세기 22:14에서, 이삭 대신 숫양 한 마리를 준비하신 분이 여호와이레 하나님이셨다. 출애굽기 12:3, 유월절 어린양 한 마리씩을 이스라엘 백성에게 출애굽을 위해 하나님이 준비케 하셨는바, 그 유월절 어린양은 속죄제물이신 예수 그리스도이시다(고전 5:7). 예수 그리스도는 희생(속죄) 제물로 자신을 드림으로써 죄를 없애시려고 세상 끝에 단번에 나타나셨다(히 9:26).

"우리가 아직 죄인이었을 때에 그리스도께서 우리를 위하여 죽으심으로 하나님께서 우리를 향한 자신의 사랑을 나타나셨다."(롬 5:8)

하나님의 언약에는 창세전에 성부와 성자와 성령, 곧 삼위 하나님 간에 맺으신 구속 언약(covenant of redemption)과, 에덴 동산에서 아담과 하나님이 맺으신 행위 언약(covenant of works). 또는 생명 언약(covenant of life)과, 행위 언약이 파기된 후에 하나님이 그리스도 안에서 하나님의 택한 백성과 맺는 은혜 언약(covenant of grace)이 있다. 이 은혜 언약에 대해 하나님의 택한 백성이 자주 깨뜨리고 불순종하므로써, 하나님이 성령으로 그리스도의 십자가의 피로써 새롭게 맺으신 새 언약(new covenant)이 있다.

2. 구속 언약(Covenant of Redemption)

평화의 언약(겔 34:25) 또는 평화의 의논(슥 6:13)으로 불리우는 구속 언약은 삼위 하나님 간에 창세전에 이미 맺은 영원한 작정이다. 성부 하나님께서는 성자 하나님에게 자기의 모든 백성을 다스리는 권세를 주시어 성자 하나님이 그들에게 영생을 주실 수 있게 하셨다.(요 17:2, "아버지께서 아들에게 주신 모든 이에게 영생을 주게 하시려고 모든 이를 다스리는 권세를 아들에게 주셨다."). 그래서 이를 위해 성부 하나님은 성자 하나님에게 아담의 죄의 오염이 없는 몸을 준비해 주시려고 성령으로 잉태되게 하셨다(눅 1:35; 참고, 히 4:15, " 모든 면에서 마찬가지로 시험을 받으셨으나 죄는 없으신 분이시기 때문이다."; 히 10:5, "오히려 나를 위하여 한 몸을 예비하셨습니다.").

성자 하나님이 메시아, 곧 왕, 제사장, 선지자의 삼중직(threefold offices)을 수행할 수 있게 성부 하나님은 그에게 성령의 은혜와 은사들을 공급하기로 하셨다(사 42:1,2; 61:1; 참고, 눅 4:1, "예수께서 성령으로 충만하여"; 눅 4:14, "예수께서 성령의 능력을 입고"). 또한 모든 족속과 나라로부터 "씨"(또는, "자손")를 모아 주시기로 약속하셨다.(사 53:10, "그가 자손을 볼 것이며"; 시 22:27, "모든 땅의 끝이 여호와를 기억하고 돌아오며, 민족들의 모든 족속이 주님 앞에 경배할 것이니").

성자 하나님은 성부 하나님께서 택하신 자들의 구

주가 되시고(히 13:20, "영원한 언약의 피로 양들의 큰 목자가 되신 우리 주 예수님"), 율법의 저주 아래 살으시고 그들 대신 십자가에서 못 박혀 죽음으로 죄에 대한 형벌을 받으시며(갈 4:4-5) 성부 하나님께 순종하기로 약속하셨다(빌 2:8, "죽기까지 순종하셨으니").

성령 하나님은 성자 하나님이 동정녀의 몸 안에서 육체를 취할 수 있게 하시고(눅 1:35) 그에게 권능을 입혀 십자가의 고통까지도 인내할 수 있게 하셨다(사 42:1-4, "내가 붙드는 나의 종, 내가 내 영을 그의 위에 두었으니, 그는 소리 지르지 아니하며, 쇠하지 아니하고 낙담하지 아니할 것이니). 또한 성자 하나님이 성취하는 구속(redemption)을 성부 하나님의 택한 백성들에게 성령 하나님은 베풀어 주시기로 약속하셨다(엡 1:13-14, "그리스도 안에서 너희도 약속의 성령으로 인치심을 받았다. 이 성령이 우리 유업의 보증이 되시니, 이는 하나님의 소유가 된 백성의 구속을 위한 것이며.").

이렇듯, 성부와 성자와 성령 삼위 하나님은 창세전에 자원하여 영원한 언약을 상호간에 맺으셨다. 이것이 소위 평화의 언약, 곧 구속 언약이다. 이 구속 언약에 근거하여 하나님은 창세후에 에덴 동산에서 아담과 행위 언약을 맺으시고, 그 언약이 파기되자 은혜 언약을 그리스도 통해서 맺으신 것이다. 그 은혜 언약을 하나님의 택한 백성들이 자주 깨뜨리자 성령으로 그리스도 안에서 그 은혜 언약을 새롭게 하여 새 언약을 맺으셨다.

3. 행위 언약(Covenant of Works)

창세기 1장의 창조에서 창조주는 일반적 호칭인 하나님으로 불려졌다. 그러나, 창세기 2장에서는 언약의 하나님에 대한 호칭인 여호와 하나님으로 불려졌다. 1장에서 창조된 우주는 하나님의 영광과 지혜와 권능을 나타내는 대극장이고, 그 창조 세계를 관리하는 청지기로 사람을 자기 형상으로 하나님께서 창조하셨다. 하나님의 형상인 인간은 우주 만물을 잘 관리하는 권세를 하나님께로부터 부여 받았다. 그러므로, 창세기 1장에서는 창조주 하나님과 관리자인 인간과 창조물인 자연과의 관계와, 하늘과 땅과 만물에 대한 인간의 권세가 강조되어 있다.

이에 비하여, 창세기 2장에는 에덴에 있는 동산과, 그 동산에 있는 생명 나무와 선악과 나무 및 남녀가

한 몸을 이룬 가정이 강조되어 있다. 창세기 2장 1-3절에 안식일이 언급되어 있고, 에덴 동산, 곧 하나님의 안식처요 성소(시 132:14)가 8-14절에는 언급되어 있으며, 18-25절에는 사람의 행복의 안식처인 가정이 각각 언급되어 있다.

이 안식과 관련하여, 여호와 하나님이 사람을 흙으로 만드시고 그 코에 생명의 호흡을 넣으셨고, 또 에덴 동산에 좋은 과일 나무와 생명 나무를 자라나게 하신 점으로 미루어 보아, 하나님은 사람이 안식과 함께 생명을 누리게 하셨다.

'호흡'을 의미하는 히브리어 '니쉬마'가 '영'으로 번역되는 '루아흐'와 자주 병행하여 쓰인 것은 성령이 생명의 호흡을 준다는 사실을 함축하고 있다(참고, 욥 27:3; 33:4). 이로 보건대, 안식이 있는 곳에 생명이 있고, 이 생명은 성령으로 말미암는다. (참고, 요 3:5에 보면, 성령으로 거듭나야 참 생명이 있다. 요 8:2에 성령은 생명의 성령이다.)

여호와 하나님께서는 아담이 안식과 생명을 누리도록 하기 위하여 그에게 순종과 신뢰를 요구하셨다. 이 요구가 바로 선악과를 따먹지 말라는 것이었다(창 2:16-17) 이 명령의 말씀을 통하여 아담에게 신뢰와 순종을 요구하심으로써 여호와 하나님께서는 자기가 아담에 대하여 아버지이시고, 아담은 여호와 하나님에 대하여 아들임을 선포하셨다. 아버지와 아들로서 하나님의 안식처요 성소인 에덴 동산에서 여호와 하나님과 아담이 예배를 통하여 교제를 누리기를 원하셨다.

이 점에서, 선악과를 따 먹지 말라는 명령을 통하여 여호와 하나님이 아담과 언약을 맺으신 것이다. 이 언약이 순종이라는 행위를 조건으로 한 까닭에 행위 언약이라 하는가 하면(참고, 웨스트민스터 신앙고백 2장 2항), 생명을 약속한 까닭에 생명 언약이라고 부르기도 한다(참고, 웨스트민스터 신앙고백 대요리 20문답; 소요리 12문답).

다시 말해서, 창조주 하나님이 아버지로, 하나님의 형상으로 창조된 아담이 자녀로 사랑으로 하나되어 하나님의 성소에서 안식일에 만나 교제하는 가운데 안식과 생명과 행복을 누리게 하고자 선악과를 따 먹지 말라고 명령하셨고, 이 명령의 말씀을 통하여 여호와 하나님이 아담과 언약을 맺으신 것이다. 이 언약이 행위 언약, 또는 생명 언약이다.

4. 은혜 언약(Covenant of Grace)

여호와 하나님께서는 아담과 언약을 맺으시고 에덴 동산에서 그가 안식과 생명과 행복을 누리게 하고져 하셨으나, 아담은 본래부터 거짓말쟁이인 사탄의 미혹을 받아 선악과를 따 먹음으로써 하나님의 언약을 파기하게 되었다. 사탄 마귀는 자기의 처음 지위를 떠난 자요(유 1:6), 살인자요 거짓말쟁이며(요 8:44), 죄의 실체요(롬 7:8), 처음부터 죄의 조성자였다(요일 3:8). 이 악령들의 우두머리(마 12:24-28)인 사탄의 거짓말에 속아 아담이 하나님의 생명의 언약을 깨뜨리자, '여자의 후손'(창 3:15)을 통해서 하나님은 사탄을 파멸시켜 언약을 회복하고져 하셨다. 이같이 하나님께서 여자의 후손을 통해서 아담에게 생명을 얻게 하고져 맺으신 언약이 바로 은혜 언약이다.

하나님은 말씀하기를, "여자의 후손은 네 머리를 상하게 할 것이고, 너는 그의 발꿈치를 상하게 할 것이다."(창 3:15)라고 하셨다. 사도 바울의 해석에 따르면, '여자의 후손'은 하나님의 유일한 아들이신 예수 그리스도이시다(참고, 갈 4:4, "때가 찼을 때에 하나님께서 자기 아들을 보내셔서 여자에게서 나게 하시고"). 예수님은 족보상

아버지인 요셉과는 관계없이 어머니인 동정녀 마리아에게서 성령으로 잉태되어 태어나셨다(마 1:18-20). 그는 오직 성령으로 여자에게서 나셨기에, 창세기 3:15의 '여자의 후손'이 바로 예수 그리스도이시다.

창세기 3:15의 말씀대로, 예수 그리스도께서 십자가에 못 박혀 죽으심으로 사탄을 무장해제하고 무력화시켜 널리 드러내어 수치를 당하게 하시고 승리하셨다(골 2:15). 다시 말해서, 창세기 3:15의 최초의 복음, 곧 하나님의 은혜 언약은 십자가에 못 박하심으로 오히려 사탄 마귀를 파멸시키고 승리하여 구속(redemption)을 다 이루고 성취하신(참고, 요 19:30, "다 이루어졌다."; 롬 3:24, "그리스도 예수님 안에 있는 구속으로 말미암아") 예수 그리스도를 통해서 맺어졌다.

이 은혜 언약에 관하여 웨스트민스터 신앙고백은 다음과 같이 진술하였다. "인간이 타락함으로 말미암아 행위 언약으로는 생명을 얻을 수가 없게 되어 버렸기 때문에, 주께서는 두 번째 언약을 맺기를 기뻐하셨다. 이 언약은 일반적으로 은혜 언약이라고 불린다. 그 언약에 의하여 주님은 죄인들에게 예수 그리스도로 말미암아 생명과 구원을 값없이 주셨다. 그러나 그들이 구원 받도록 하기 위해서 그리스도를 믿는 신앙을 그들에게 요구하시고, 생명에 이르도록 작정되어 있는 모든 자들에게 그의 성령을 주시어, 그들로 하여금 기꺼이 그리스도를 믿을 수 있게 하실 것을 약속하셨다."(7장 3 항).

"이 언약이 율법 시대에는 약속들, 예언들, 제물들, 할례, 유월절 양, 그리고 유대 백성들에게 전해진 다른 모형들과 의식(ordinance)에 의해 맺어졌다. 이 모든 것은 장차 오실 그리스도를 예표하였다. 그 메시아로 말미암아 피택자들이 완전한 죄 사함과 영원한 구원을 얻었는데 이를 '구약'이라고 부른다."(7장 5항).

"복음 시대에는 실체이신 그리스도께서 나타나시게 되자, 이 언약이 시행되는 의식들은 말씀 선포와, 세례와 주의 만찬인 성례 등이었다. 이를 '신약'이라고 부른다. 그러므로 본질면에서 차이가 있는 두 종류의 은혜언약이 있는 것이 아니고, 여러 세대에 걸쳐 있기는 하지만 하나의 동일한 언약이 있을 뿐이다."(7장 6항).

웨스트민스터 신앙고백의 대요리문답에는 좀더 상세하게 진술되어 있다. "하나님은 일반적으로 행위 언약이라고 불리는 첫 번째 언약을 파기함으로 타락하게 된 죄와 불행의 상태에서 모든 사람들이 멸망하는 것을 원하시지 않습니다. 대신, 그의 순수한 사랑과 긍휼을 인하여, 일반적으로 은혜 언약이라고 불리는 두 번째 언약을 통해서 자기의 택한 자들을 하나님은 죄와 불행에서 건져내어 구원의 상태에 이르게 하십니다."(대요리 30문답).

"은혜 언약은 둘째 아담이신 그리스도와 맺으시되, 그의 씨인 모든 택한 자들과 그분 안에서 맺었습니다."(대요리 31문답).

"하나님의 은혜가 둘째 언약에 다음과 같이 두 가지로 나타나 있습니다. 첫째, 하나님이 값없이 죄인들에게 중보자를 주시되 그로 말미암아 생명과 구원을 주시는 일을 통해서입니다. 둘째, 그들이 그에 대해 관계를 갖는 조건으로 믿음을 요구하시되, 그의 택한 모든 자들에게 성령을 약속하여 주시는 일을 통해서입니다. 성령은 그들 안에 그 믿음을 심어주시고 다른 구원의 은혜들도 함께 주십니다. 또한 그들이 전적으로 순종할 수 있는 능력을 주십니다."(대요리 32문답).

"은혜 언약의 유일한 중보자는 주 예수 그리스도입니다. 그는 성부와 한 실체이시오, 동등하신 하나님의 영원한 아들로서, 때가 차매 사람이 되셨습니다."(대요리 36문답).

"중보자가 사람이셔야 했던 것은 다음과 같은 이유

들 때문입니다. 먼저, 그분과 관련해서 보면, 우리 인간의 본성을 덧입고, 율법에 순종하며, 우리의 본성 안에서 우리를 위해 고난 당하고 중보 기도하며, 그리고 우리의 연약함을 동정하기 위함입니다. 그러나 우리와 관련해서 보면, 우리가 양자로 입양되고, 위로를 얻으며, 은혜의 보좌 앞으로 담대하게 나아갈 수 있도록 하기 위함입니다."(대요리 39문답).

"우리의 중보자가 그리스도로 불리웠던 것은 그가 성령을 한량없이 부음 받았기 때문입니다. 이로써 자기 교회의 선지자, 제사장, 왕의 삼중직을 낮아지심과 높아지심의 단계에서 수행하기 위하여 성별되고, 또한 권세와 능력을 충만하게 덧입으셨습니다"(대요리 42문답).

하나님은 창세기 3장 15절에서 최초의 복음의 은혜 언약을 아담에게 말씀해 주셨으나, 그의 후손들은 아담의 원죄로부터 물려받은 죄의 부패와 오염으로 인하여 더욱 죄에 빠져들었다. 아담의 아들 가인은 동생 아벨을 돌로 쳐죽였다(창 4:8). 가인의 후손들 가운데 라멕이라는 자는 아내를 여럿 취하고 복수하기를 좋아하였다(창 4:19-24). 아담의 칠대 후손인 에녹의 시대에는 사람들이 불평과 불만과 불경건한 말을 쏟아내며 자기의 정욕을 따라 행했다(유 1:14-16). 노아 시대에는 온 땅이 하나님 앞에서 부패하고 폭력으로 가득하였다(창 6:11). 그 땅에 당시에 네피림, 곧 부패 타락한 폭력배들이 용사, 또는 유명인으로 행세하였으나, "그 마음에 생각하는 모든 계획이 항상 악하기만 했다."(창 6:4-5). 노아 홍수 이후에 전제 군주인 니므롯이 나타나(창 10:8) 큰 왕국을 건설하고 시날 땅의 바벨에 성읍과 탑을 건축하여 그의 왕국의 중앙집권체제를 견고하게 하려했다(창 11:1-4). 이에 하나님은 니므롯의 왕국을 무너뜨리고 바벨탑 쌓는 일도 중단시키고 사람들을 온 지면에 흩으셨다(창 11:8-9).

하나님은 폭군 니므롯을 폐하시고, 셈의 후손 가운데 의지할 자손이 없는 평범한 사람 아브라함(그의 처음 이름은 '아브람'이다)을 부르시고, 드디어 그와 은혜 언약을 맺으셨다(창 12:1-3). 하나님은 아브라함을 하란에서 부르시던 때 뿐만 아니라, 조카 롯을 전쟁 포로에서 되찾아 온 사건이 있은 후에도(창 15:7-11), 99세에 이삭을 아들로 태어나게 하시겠다고 약속하시던 때에도(창 17:1-14), 그리고 이삭을 모리아산에서 제물로 드리던 때에도(창 22:15-19) 거듭 은혜 언약을 맺어 주셨다.

하나님께서는 아브라함과 언약을 맺으시던 때 그를 큰 민족이 되게 하고 땅의 모든 족속(이방인들)이 그로 말미암아 복을 받을 것이라 하셨고(창 12:1-3), 후손에 대해서도 약속해 주셨다(창 15:1; 17:7). 그리고 그 후손(씨)으로 말미암아 땅의 모든 민족(이방인들)이 복을 얻을 것이라 하셨다(창 22:17-18). 이렇듯, 하나님은 아브라함과 언약을 맺으시던 때마다, 자손에 대한 약속을 통해서 그리스도를 보게 하셨고(요 8:56, 갈 3:16), 열국의 족속들, 곧 모든 이방인들이 그로 말미암아 복을 받으리라는 복음을 전해 주셨다(갈 3:8). 이로써, 아브라함은 하나님이 보여주신 언약의 여정을 걸을 수 있었다.

믿음의 조상 아브라함은 예수 그리스도와 복음을 통하여 그의 후손 대대로 이어질 천대의 언약을 붙잡았고(시 105:8-9), 그 언약 속에서 하늘 나라를 소망했으며(참고, 히 11:16), 모든 족속의 구원, 곧 세계복음화의 꿈을 꾸었다. 그는 말씀과 기도에 전념하고 지속함으로써 정의와 공의를 실천하고(창 18:19) 그의 가문 뿐만 아니라 모든 민족을 살려낼 수 있었다. 이렇게 그는 언약의 여정을 걸었다.

하나님의 천 대의 언약은 아브라함으로부터 시작하여 이삭과 야곱을 거쳐 요셉으로 이어졌고, 후에는 출애굽의 구속 사건을 통해 모세에게로, 그리고 하나님의 나라와 왕권의 모형을 통해 다윗에게로 이어졌다.

아브라함의 아들 이삭에 대해 하나님은 아브라함에 게 말씀하셨다. "네 아내 사라가 네게 꼭 아들을 낳아 줄 것이니, 너는 그 이름을 이삭이라 불러라, 내가 그와 내 언약을 세울 것이니, 그의 후손에게 영원한 언약이 될 것이다."(창 17:19). 이로 보건대, 바울이 말한대로 이 삭은 하나님의 언약의 자녀요 성령을 따라 태어난 아들 이었다(갈 4:29). 하나님의 나라를 상속 받는 아들이었 다(갈 4:30). 하나님의 언약이 있는 이삭은 그 언약을 붙 잡고 하나님의 말씀에 순종하였다(창 26:1-6). 그는 블 레셋들과 싸움에서 늘 양보하여 르호봇에서 복을 누렸 다(창 26:22). 브엘세바에서 평화도 누렸다(창 26:26-33). 이것이 바로 이삭이 걸어온 언약의 여정이었다.

이삭의 아들 야곱은 태어나던 때 쌍둥이 형 에서의 발꿈치를 잡고 나오고, 얍복 나루에서는 하나님과 씨름 할만큼 억척스러웠다(참고, 호 12:3). 그처럼 본성이 악 한 야곱을 하나님께서는 그가 태어나기도 전에 사랑하 시어 택하셨으며, 큰 아들 에서 대신 장자권을 갖도록 예정하셨다(창 25:23; 말 1:2-3; 롬 9:10-13). 하나님이 누 군가를 택하여 부르심에 있어서, 그것의 원인은 그 사 람의 성품이나 됨됨이가 아니다. 야곱이 이스라엘의 열 두 지파의 조상이 되는 열 두 아들을 축복한 사실이나 이집트 왕 바로를 축복한 사실, 그리고 그의 아들 요셉을 통하여 이집트와 온 세계를 기근에서 구하고 살아계신 하나님, 곧 역사의 주관자 하나님을 온 천하에 증거한 사실 등으로 미루어 보면, 하나님이 야곱을 택하여 부르신 근본 이유와 목적은 하나님 나라 건설과 세계복음화였다. 이를 위하여 하나님은 야곱으로 하여금 험한 세월을 살면서(창 47:9) 언약의 여정을 걷게 하셨다.(참고, 창 31:40, "저는 낮에는 더위로, 밤에는 추위를 무릅쓰고 눈 붙일 겨를도 없었습니다.")

밧단아담에서의 야곱의 20년 간의 험한 세월은 고향, 곧 아버지 집이 있는 브엘세바를 떠나면서부터 시작되었다. 그는 외삼촌 라반의 집이 있던 밧단아람으로 가던 길에서 돌을 베개로 삼고 하늘을 이불 삼아 잠을 자야했다(창 28:10-11). 그는 누웠던 곳에서 꿈에 여호와 하나님이 말씀하시는 것을 보았다. 아주 특별한 환상(vision)이었다. 그는 특별히 사다리 하나가 하늘 꼭대기에 닿아있고, 하나님의 천사들이 그 위에 오르내리며, 그 꼭대기 위에서 여호와 하나님이 말씀하고 계신 것을 보았다(창 28:12-13). 사도 요한의 해석에 따르면, 그 사다리는 다름 아닌 인자(Son of Man)이신 예수 그리스도였다(요 1:51). 야곱은 언약의 중보자이신 인자, 곧 그리스도가 하늘의 하나님과 땅의 사람 사이를 잇고 있음을 본 것이다.

야곱이 꿈을 꾼 곳은 베델이었다. 그곳에서 그 날 밤 환상 가운데서 하나님은 야곱에게 말씀하셨다. "나는 여호와, 곧 네 할아버지 아브라함의 하나님이며, 이삭의 하나님이다. 네가 누워 있는 그 땅을 내가 너와 네 후손에게 주겠다. 너의 후손이 땅의 티끌같이 되어 동서남북으로 퍼질 것이며, 땅의 모든 족속들이 너와 네 후손을 통하여 복을 받을 것이다. 보아라, 내가 너와 함께 있어서 네가 어디로 가든지 너를 지켜 주겠고 너를 이 땅으로 돌아오게 하겠으며 내가 네게 말한 것을 이루기까지 참으로 내가 너를 떠나지 않겠다."(창 28:13-15). 이 말씀에 의하면, 야곱은 아브라함과 이삭과 하나님이 맺은 언약의 흐름 속에 있었다. '후손'을 언급한 단어가 단수형, 곧 하나의 후손을 가리키는 바, 바울의 해석에 따르면, 그리스도이다(참고, 갈 3:16). 이로 보건데, 야곱도 하나님의 언약의 중보자인 그리스도를 바라보면서 언약의 여정을 걸은 것이다.

야곱이 다시 베델을 찾은 것은 딸 디나가 세겜의 추장에게 강간 당한 사건이 있은 후였다(창 35:1-4). 그는 하나님의 언약의 말씀을 놓치고서 믿음 없이 살다가 딸

이 불미스러운 일을 당하게 되자 철저하게 회개하고서 베델을 찾아 하나님께 단을 쌓았다. 이 때 하나님께서 야곱에게 다시 나타나셔서 그의 이름을 이스라엘로 고쳐주시고, 자기의 이름을 '전능한 하나님,' 곧 언약을 세우시는 하나님, 위로와 축복의 근원 되시는 언약의 하나님으로 알려 주셨다(창 35:9-11상). 하나님은 베델에서 다시금 야곱과 언약을 맺으시고, 민족들과 왕들이 그에게서 나올 뿐 아니라, 아브라함과 이삭에게 준 땅도 그의 후손에게 주실 것을 말씀하셨다(창 35:11 하-12).

야곱은 자기의 죽을 날이 가까워져 오자, 요셉의 두 아들, 므낫세와 에브라임을 축복했는가 하면(창 48:17-20), 그의 열 두 아들들을 일일이 축복하며 언약의 하나님의 이름으로 기도해 주었다(창 49:1-29). 며칠 후 침상 머리에서 옛날 밧단아람으로 가던 때부터 지니고 다녔던 지팡이를 의지하여 하나님께 기도하는 가운데 숨을 거둠으로 그의 언약의 여정을 마무리했다(창 49:33; 히 11:21; 참고 창 47:31, "이스라엘이 침상 머리에서 경배하였다.")

아브라함과 이삭과 야곱으로 이어진 언약의 흐름 속에서 언약의 말씀 성취를 위하여 그 언약의 말씀으로 혹독하게 연단 받은 야곱의 아들은 요셉이었다(참고, 시

105:7-10, 17-19). 요셉은 열 일곱 살 되던 때에 두 번에 걸쳐 같은 내용의 꿈을 꾸었다. 아버지와 어머니를 비롯하여 열 한 명의 형제들이 그에게 엎드려 절하는 꿈이었다(창 37:5-11). 이 꿈 때문에 요셉은 형들의 시기와 미움을 받게 되고, 마침내 이집트 왕 바로의 경호대장인 보디발에게 종으로 팔려 갔다(창 37:34).

그런데 요셉이 이집트로 팔려간 사건이 창세기 38장에 나오는 유다와 다말의 불미스러운 사건과 연결되어 있다. 야곱의 넷째 아들 유다가 자기 며느리 다말에게서 베레스와 세라 쌍둥이를 낳은 사건은 아주 불미스러워 보였다(창 38:27-30). 그런데 이 베레스가 다윗의 9대 할아버지였다(룻 4:18-22). 베레스를 낳은 다말이 의로운 여자로 인정 받았고(창 38:26), 다윗의 족보, 아니 예수 그리스도의 족보에 그녀의 이름이 언급된 것으로 보아(마 1:3), 다말이 베레스를 낳은 것이 언약의 흐름 속에 있는 것처럼, 요셉이 이집트로 팔려간 사건도 언약 성취를 위한 것이었음을 알 수 있다.

그래서 시편 기자는 아브라함과 이삭과 야곱과 세운 천 대의 언약을 위해 그들 앞서 요셉을 하나님께서 보내셨고, 요셉은 이집트의 감옥에서 언약의 말씀을 붙잡은 가운데 연단 되었던 것이다(시 105:7-1, 17-19). 하나님의 영에 사로잡힌(창 41:38, "그 안에 하나님의 영이 있는 사람") 요셉은 감옥에 갇혀 있으면서도 하나님의 언약을 마음에 새겨 붙잡고 지냈다.

하나님의 언약을 붙잡고 훈련을 받은 성령의 사람 요셉은 이집트에서 하나님이 하시려는 일들을 미리서 알고 행했다. 그는 칠년의 풍년 때에 앞으로 있을 칠년의 흉년을 대비하여 이집트와 바로왕을 살렸다. 뿐만 아니라, 식량을 구하려 이집트로 온 자기의 형들과 부모도 살렸다. 이 때 요셉이 고백한 것은 이렇다. "하나님께서 생명을 구하시려고 형님들 앞서 나를 보내셨습니다. 하나님께서 세상에 형님들의 후손을 보존하시고, 큰 구원으로 형님들을 살리시려고 형님들 앞서 나를 보내셨습니다."(창 45:5-7).

언약의 흐름 속에서 언약의 말씀으로 단련되고 그 언약의 여정을 걸은 하나님의 영의 사람 요셉을 통하여 하나님은 그의 언약을 이루셨다. 하나님의 은혜 언약이 아브라함과 이삭과 야곱에 이어 요셉에게서 열매를 맺었다.

요셉이 죽고 난 후 이집트 왕조에는 변화가 있었다. 요셉 때와는 다른 왕조, 곧 요셉의 족속인 이스라엘 사람들에게 적대적인 왕조가 일어남으로써(참고, 출 1:8,

"그 때 요셉을 알지 못하는 새로운 왕이 이집트에 일어나서") 이스라엘 백성들이 혹독한 시련을 겪게 되었다. 바로 왕이 중노동을 시켜 괴롭힐 뿐 아니라(출 1:11), 이스라엘 자손들 가운데서 아들이 태어나면 강에 던져 죽이라는 명령이 산파들에게 내려지기까지 했다(출 1:22). 이 같은 악한 상황 속에서 물에서 건짐 받아 바로왕의 공주의 아들로 입양된 자가 있었으니, 그 사람이 모세였다(출 2:10).

모세는 하나님께서 아브라함과 이삭과 야곱과 맺으신 언약을 깊이 연구하고 기억하고서(참고, 출 2:24-25), 나이 40세가 되던 때에 자기 백성을 돌아볼 마음이 생겼다. 그러나 그의 계획이 탄로나자 미디안 땅으로 도망쳐야 했다(출 2:15). 그는 미디안 광야에서 40년을 하나님의 언약을 붙잡고 기다렸다. 마침내 호렙산에서 떨기나무 숲에서 불꽃 가운데서 하나님이 나타나셔서 모세를 부르셨다(출 3:1-6). 여호와, 곧 아브라함과 이삭과 야곱과 언약을 맺으셨던 그 하나님이 '나다' 하시면서 모세에게 나타나신 것이다.(출 3:14-15). (참고, 출 3:14에서 히브리어 '에흐예 아쉐르 에흐예'는 영어로 'I am that I am'이고, 우리말로는 '나는 나다'이다. '나는 스스로 있는 자이다'라는 우리말 번역은 언약의 하나님을 제대로 드러내지 못하고 있고, 요한복음에 나오는 예수님이 스스로 하나님이심을 표현하고져 사용한 일곱 마디의 '나다'(영어, 'I am')와도 어울리지 않는다.)

이제 여호와 하나님은 모세를 통해서 아브라함과 이삭과 야곱과 맺은 언약을 기억하시고 그 언약을 성취하고져 하셨다. 그 언약의 성취 사건이 유월절 어린양의 피로 이스라엘 백성을 이집트에서 탈출시켜 자유케 한 출애굽 사건이다(출 12장). 출애굽 사건을 통해서 아브라함과 맺은 언약을 기억하고 성취하신 하나님은 모세를 통하여 다시 언약을 맺으셨다. 그는 이스라엘 자손들을 이제 자기 백성으로 삼으시되 제사장 나라요 거룩한 민족이 되게 하시겠다고 말씀하셨다(출 19:5-6). 뿐만 아니라, 모세를 통하여 만든 성막 위에 구름기둥과 불기둥으로 영광 가운데 임재하시어 그들과 함께 하실 것을 약속하셨다.

"내가 거기서 이스라엘 자손을 만날 것이며, 그 회막이 내 영광으로 거룩하게 될 것이다. 내가 이스라엘 자손 가운데 거하면서 그들의 하나님이 될 것이니, 내가 여호와 그들의 하나님으로서 그들 가운데 거하기 위해 그들을 이집트 땅에 인도하여 냈다는 것을 그들이 알게 될 것이다. 나는 여호와 그들의 하나님이다."(출

29:43-46).

"그 때 구름이 회막을 덮고 여호와의 영광이 성막에 충만하였으며, 구름이 회막 위에 머물러 여호와의 영광이 성막에 충만하였으므로 모세가 회막에 들어갈 수 없었다. ... 이스라엘 온 종족이 그 모든 길을 가는 동안에 낮에는 여호와의 구름이 성막 위에 있고, 밤에는 불이 구름 가운데 있는 것을 그들의 눈으로 직접 보았다."(출 40:34-38).

"너는 참으로 여호와 네 하나님의 거룩한 백성이다. 여호와 네 하나님께서 땅 위의 많은 백성 가운데서 너를 선택하셔서 자기 소유의 백성으로 되게 하셨으니, ... 여호와께서는 너희를 사랑하셔서 ... 이집트 왕 바로의 손에서 너를 구속하셨다. 그러므로 여호와 네 하나님께서 참 하나님이시며, 그분을 사랑하고 그분의 계명을 지키는 자에게는 천 대에 이르기까지 언약과 인애를 지키시는 신실하신 하나님이심을 너는 알아야 한다."(신 7:6-9).

이스라엘 자손들을 자기의 거룩한 백성, 제사장 나라로 삼으신 여호와 하나님은 출애굽 사건을 통해서 하나님의 구속(redemption)과 참된 자유와 생명을 얻게 하셨고, 하나님의 거룩한 제사장 나라답게 살 수 있도록 십계명을 비롯하여 여러 가지 법규들을 주셨다(참고, 출 20장-23장). 이 십계명과 법규들을 통해서 하나님은 모세와 피를 가지고 언약을 맺으셨다(출 24:3-8). 모세는 출애굽 사건을 통해서 이스라엘 자손을 속량하시어 아브라함과 맺은 언약을 성취하신 하나님을 만났고, 십계명과 여러 법규들, 희생제물들, 절기들, 그리고 성막을 통해서 하나님이 맺어주신 언약을 붙잡고 아라비아 북부 미디안 광야에서 이스라엘 백성과 함께 또 다른 40년 동안 언약의 여정을 걸었다.

모세와 그의 후계자 여호수아가 죽은 후 이스라엘 백성들은 가나안 족속들의 우상숭배에 오염되어 여호와를 알지 못하며 여호와께서 이스라엘을 위하여 행하신 일도 잊었다. 그들은 여호와의 목전에서 악을 행하여 그를 진노하게 만들었다(삿 2:6-15). 그럼에도 불구하고, 여호와께서는 자기 백성을 위하여 열심을 내시고 긍휼을 베푸시어 사사(왕권을 겸한 재판관)들을 세워 구원을 얻게 하셨다(삿 2:18). 하지만, 이스라엘 자손들은 끝내 회개하지 아니하고, 그들 가운데 왕이 없다는 것을 핑계삼아 각각 자기 소견에 좋은 대로 행하며 죄를 범하였다(삿 21:25).

하나님께서는 이스라엘 자손들의 요구대로 사무엘

을 통해 사울을 첫 왕으로 세웠으나, 그가 교만하여 불순종한 까닭에 그를 폐하고(참고, 삼상 13:13-14; 15:34-35), 자기 마음에 합한 다윗을 이스라엘 왕으로 세우셨다(참고, 삼상 15:23; 16:13; 삼하 2:2; 참조, 행 13:22). 그리고 다윗과 언약을 맺어 하나님은 다윗의 몸에서 태어날 후손을 세워 그 나라의 왕권을 견고하게 하고자 하셨다.

"네 날들이 다 차서 네 조상들과 함께 누울 때에 내가 네 몸에서 나올 네 후손을 네 뒤에 세우고, 그의 왕국을 견고하게 할 것이다. 그가 내 이름을 위하여 집을 건축할 것이고, 나는 그의 왕국의 보좌를 영원히 견고하게 할 것이며, 나는 그의 아버지가 되고 그는 내 아들이 될 것이니, … 내가 내 앞에서 폐한 사울의 경우와는 달리 내 인애가 그에게서 떠나지 않을 것이며, 네 집과 네 왕국이 내 앞에서 영원히 보전되고, 네 보좌가 영원히 견고할 것이다."(삼하 7:12-16).

다윗은 자기의 몸에서 날 그 아들이 혈통상의 아들이라기 보다는 하나님 보좌 우편에 계시는 주님이시오(시 110:1; 참고, 눅 20:41-44), 멜기세덱의 계열에서 나온 영원한 대제사장이시며(시 110:4; 참고, 히 5:5-6; 7:15-17), 심판권을 가지고서 열방의 왕들을 철장으로 질그

릇 부수듯 멸하시는 하나님의 아들, 그리스도이심을 알고 믿었다(시 110:5; 시 2:7-9; 행 13:23, "하나님께서 약속하신대로 이 사람(다윗)의 씨에서 이스라엘에게 구주 예수님을 일으키셨다.").

다윗은 그의 평생에 그의 몸에서 날 후손이 그리스도이심을 알고 믿으며 아브라함으로부터 이어져 온 하나님의 언약을 붙잡고 언약의 여정을 걸었던 것이다.

5. 새 언약(New Covenant)

다윗을 통하여 하나님은 아브라함이나 모세 때보다 더 분명하게 언약을 맺어주시고, 메시아와 하나님의 나라와 성령 충만의 역사(work)를 더 확실하게 이스라엘 자손들에게 계시해 주셨을 뿐 아니라, 모세의 성막이 낡은 까닭에 영광스런 성전을 솔로몬 시대에 지을 수 있게 해 주셨다. 그러나 솔로몬이 성전을 지어 하나님께 영광을 돌리고 이스라엘 왕국의 전성기를 맞이했으나, 그는 모세를 통하여 하나님이 주신 왕의 법규를 소홀히하여 어겼다. 모세의 법규에 따르면, 왕은 이집트에서 전투용 말들을 많이 수입하거나, 정략적 결혼을 통해 아내들을 많이 두거나, 백성들에게 세금을 무겁게 부과하여 은과 금을 많이 쌓아두어서는 아니되었다(신 17:14-17).

그런데, 솔로몬은 금과 은을 넘쳐나게 거두어 들였고(왕상 10:14-22), 병거와 기마병이 이천 명이었으며(왕상 10:26), 바로의 딸 외에 일천 명의 여자들을 사랑하여 아내로 맞이했다(왕상 11:1-3). 넘쳐나는 금은 보화와 든든한 병거들로 인하여 솔로몬은 점점 하나님에게서 멀어질 수 밖에 없었고, 그에 더하여, 이방인 여자들이 솔로몬의 마음을 다른 신들, 예컨대, 아스다롯, 밀곰, 그모스, 몰록 등에게 돌려 그 혐오스런 우상들을 섬기게 하였다(왕상 11:4-8). 결국, 솔로몬이 죽자, 이스라엘은 북이스라엘과 남유다로 분열되었고, 북이스라엘은 여로보암과 아합과 그의 아내 이세벨 등에 의하여 철저하게 우상숭배했고, 남유다는 르호보암, 여호람과 그의 아내 아달랴, 므낫세, 여호야김 등에 의하여 북이스라엘을 뒤따라 우상숭배에 빠졌다. 남북왕국이 다같이 하나님의 언약을 파기하고 우상숭배하여 하나님을 배반하고 떠났던 것이다.

이에, 하나님은 엘리야와 엘리사 선지자들을 세워 우상숭배자들을 응징하고(참고, 왕상 18장), 많은 이적들을 행하여 여호와 하나님께서 살아서 대적들을 물리치심을 이스라엘로 목격하게 하셨다(참고, 왕하 6-7장). 뿐만 아니라, 북이스라엘이 앗수르에게 멸망 당할 위기에 놓였을 때에는 이사야 선지자를 세우셨고, 남유다가 바벨론에게 멸망 당할 때에는 예레미야를 세웠으며, 바벨론 포로 기간 중에는 에스겔과 다니엘을, 포로에서 귀환하던 때에는 에스라, 느헤미야, 스가랴, 학개, 스룹바벨 등을 세워 이스라엘 자손들이 하나님의 언약을 붙잡고 믿음을 지킬 수 있도록 열심을 내셨다.

하나님께서는 이사야 선지자를 통해서는 동정녀에게서 난 바 여자의 후손이 임마누엘이요(사 7:14), 평강의 왕으로 다윗의 왕권을 견고케 하실 전능한 하나님이심을 보여주셨다(사 9:6-7). 그 임마누엘 평강의 왕이 속죄제물 되시는 수난의 종으로 예언되었다(사 53장). 예레미야 선지자를 통해서는 하나님이 '여호와 우리의 의'('여호와 치드케누') 되신 그리스도(렘 23:6)를 새 언약의 중보자로 세워 주시고 새 언약을 성령으로 맺으셨다(렘 31:31-33).

에스겔 선지자의 경우는 선한 목자되신 그리스도(겔 34:23)를 통하여 영원한 평화의 언약을 맺으시고(겔 34:25), 그의 성소를 이스라엘 백성 가운데 영원토록 있게 하여 그들과 함께 하시겠다고 말씀하셨다(겔 37:24-28). 다니엘의 경우는, 하나님께서 인자 같은 이(a Son of Man), 곧 그리스도를 세워 그에게 영원한 권세와 영광과 나라를 주어 다스리게 하시고, 모든 백성과 나라들이 그를 섬기게 하실 것을 약속하셨다(단 7:13-14). 에스라, 느헤미야, 스가랴, 학개, 스룹바벨 등을 통하여 그들이 재건할 성전이 외형상으로는 초라해도 하나님의 더 큰 영광으로 충만할 것을 말씀하셨다(학 2:9). 또한 여호와의 종, 새순(슥 3:8)이신 메시아를 계시해 주기도 하셨다.

이 선지자들의 예언들을 종합해 보면, 여호와 하나님께서 이스라엘 자손들의 우상숭배와 배도를 인하여 여자의 후손, 메시아를 새 언약의 중보자로 세우시고, 그를 통하여 영원한 나라를 세우고자 하심을 알 수 있다. 하나님이 그의 영광과 권능과 나라를 위하여 영광스런 성전을 회복하시고 성령으로 하나님을 아는 지식을 사람들의 마음판에 새겨 새 언약을 맺으신 것이다.

이 새 언약의 중보자이신 예수 그리스도가 때가 차매 오셔서 하나님 나라의 복음을 선포하시어 하나님의 나라를 세우셨다. 여자의 후손인 예수님이 자기 백성을 저희들의 죄에서 구원하실 수 있는 것은, 그가 성령으로 잉태되어 여자에게서 나시고 성령으로 기름부음 받아 충만하고 권능을 덧입은 그리스도이시기 때문이다. 그리스도이신 예수님께서 왕, 제사장, 선지자 등 삼중직의 권세로 죄 문제를 해결하시기에 자기 백성과 함께 하시는 임마누엘 되신다(참고, 마 1:18-23).

새 언약의 중보자이신 예수 그리스도의 삼중직에는 죄 문제를 해결할 수 있는 놀라운 권세가 있고, 그리스도께서는 자기에게 속한 바된 그의 지체들인 그리스도인들에게도 이 삼중직의 권세를 주어 죄를 이기게 하신다.

첫째, 그리스도 예수님이 가지신 왕의 권세에는 사탄의 권세를 파멸시키는 능력이 있다. 창세기 3:15에서 여자의 후손이 뱀, 곧 사탄의 머리를 상하게 하리라 말씀되어진 대로, 그리스도는 사망의 권세를 가진 자, 곧 마귀를 파멸시키는 권세가 있다(히 2:14). 그는 마귀를 파멸시키실 뿐 아니라, 마귀의 일들, 곧 죄와 사망을 멸하시는 권세가 있다(요일 3:8). 왕이신 그리스도에게는 세상 임금인 사탄 마귀를 결박하고(마 12:27-28) 무장해제하여 무력하게 만들므로써 십자가로 승리하는 권세가 있다(골 2:15). 뿐만 아니라, 그분은 사탄을 지옥에 영원토록 가두는 권세도 가지고 계신다(계 20:1-3). 이로써 그가 피로 값주고 사신 교회(행 20:28)를 사탄의 공격으로부터 막아 승리하게 하는 권세를 가지고 계시는 것이다(마 16:18).

왕이신 그리스도는 그의 지체인 그리스도인들에게도 그가 가진 권세를 주셨다. 우선, 왕같은 제사장으로 삼아(벧전 2:9) 그리스도와 함께 왕노릇하는 권세를 주셨다(딤후 2:12). 이로써, 사탄 마귀의 모든 능력을 짓밟아 제압하고 파멸시키는 권세가 있는 것이다.(눅 10:19, 롬 16:20). 뿐만아니라, 사단을 심판하는 권세와(계 20:4) 교회를 든든하게 세우는 권세도 그리스도인들에게 있다(행 9:31; 엡 4:1). 이 왕의 권세로 인하여 그리스도 안에서 그리스도인들은 생명의 성령의 힘으로 죄와 사망의 올무에서 해방되고(롬 8:2), 모든 일에서 넉넉하게 승리한다(롬 8:37). 그리고 항상 하나님의 나라를 구하고 그분의 뜻을 행하기를 즐거워한다(시 40:8).

둘째, 그리스도 예수님이 가지고 계시는 제사장의 권세에는 자신의 몸을 속죄제물로 기꺼이 내어 드리는 권세가 있다(막 10:45; 요 10:11; 히 9:26, 그분은 자신을 희생(속죄) 제물로 드림으로써 죄를 없애시려고 세상 끝에 단번에 나타나셨다.") 인자이신 그리스도에게는 자신을 희생제물로 드리신 까닭에 죄를 용서하는 권세도 가지고 계신다(마 9:6; 막 2:10). 그는 죄를 용서하기에 화해(속죄), 화목, 화평을 이루시는 권세가 있다(롬 3:25; 5:10; 엡 2:14; 히 2:17, "이는 하나님의 일에 인애하시고 신실한 대제사장이 되어 백성의 죄를 대속(화해)하시려는 것이다.") 뿐만 아니라, 죄를 대속하시는 까닭에, 그는 질병을 친히 담당하시고 치유하는 권세도 가지고 계신다(마 4:23-24; 8:3, 17). 그는 우리의 죄를 용서하시고 질병을 치유하는데 그치지 않고, 하나님의 보좌 우편에서 우리를 위하여 중보기도하신다(롬 8:34; 히 7:25, "그분은 항상 살아서 그들을 위하여 간구하신다.")

대제사장이신 그리스도 예수는 자기에게 속한 그리스도인들에게 자기의 제사장의 권세를 갖게 해 주셨다. 그리스도인들도 자기 몸을 산 제물로 드리고(롬 12:1) 몸이 성전되는 권세가 있다(고전 6:19). 죄 용서를 받아(엡 1:7; 골 1:14) 하나님과 화평을 누리는 권세(롬 5:1, 11)가 있는가하면, 생명을 얻어 누리는 권세(요 3:16; 6:47; 요일 5:12)와 질병을 그리스도의 이름으로 기도하여 치유해주고(약 5:16), 중보기도하는 권세도 주어져있다(딤전 2:1). 이 제사장의 권세를 인하여 그리스도인들은 그리스도 안에서 정죄나 심판이 없다(롬 8:1). 제사장답게 세계복음화를 위해 기도한다.

셋째, 그리스도 예수님은 선지자로서 권세도 가지고 계신다. 그 분에게는 하나님 아버지를 계시하시어(마 11:27) 우리로 하여금 하나님을 알고 만나게 하는 권세가 있다(요 14:6). 선지자로서 하나님 나라의 복음을 선포하는 권세가 있어(마 4:23), 그분의 말씀에는 놀라운 권위가 있다(마 7:29; 눅 24:19). 예수님은 성경을 해석하여 가르치실 뿐 아니라(눅 24:27), 그 말씀으로 죄를 책망하시기도 하셨다(마 4:17; 23:13, 33).

선지자이신 예수 그리스도는 그리스도인들에게 선지자의 권세도 주셨다. 하나님 아버지를 아는 권세(요 14:17), 말씀을 맡는 권세(고전 4:1), 복음을 선포하는 권세(행 1:8; 딤후 4:2), 성경을 가르치는 권세(딤전 4:13; 딤후 2:2), 죄를 책망하는 권세(딛 1:13), 그리고 다른 복음, 곧 이단을 분별하여 정죄하는 권세(갈 1:8; 딛 2:1; 3:10)를 그리스도인들이 가지고 있는 것이다. 이 선지자의 권세를 힘입어 그리스도인들은 하나님을 깊이 알므로 생명을 누리고(요 17:3), 복음을 선포하는 증인(행 1:8)의 삶을 살며 복음과 함께 새 언약의 중보자이신 예수 그리스도에게 붙잡혀 언약의 여정을 날마다 걷는다.

2장

환상(Vision)

사도행전 1:3

제2장

환상(Vision)

사도행전 1:3

그분께서 고난 받으신 후에
그들에게 확실한 많은 증거로
자신이 살아 계심을 보여주시고, 사십 일 동안
그들에게 나타나셔서 하나님 나라의 일을 말씀하셨다.

복음을 통해 성령으로 언약을 붙잡으면, 믿음의 사람은 환상(vision)을 보게 된다(참고, 행 2:17, "마지막 날들에 내가 내 영을 모든 육체에 부어 줄 것이니, ... 너희 젊은 이들은 환상을 보며"). 복음이요, 새언약의 중보자, 곧 언약의 실체이신 예수 그리스도를 알고 그에게 붙잡히면(참고, 행 1:1), 하나님의 나라를 우리의 비전으로 보게 되는 것이다(참고, 행 1:3). 예수 그리스도는 처음부터 복음을 선포하시면서 하나님의 나라를 말씀하셨다(참고, 막 1:14-15; 예수께서 갈릴리로 오셔서 하나님의 복음을 선포하시며 말씀하시기를, 때가 찼고 하나님 나라가 가까이 왔으니, 회개하고 복음을 믿어라라고 하셨다.) 예수님은 부활하셔서 사십일 동안 제자들에게 나타나셔서 하나님 나라에 관한 일들을 말씀하셨고(행 1:3), 바울도 로마의 셋집에 머물면서 이 년 내내 하나님 나라를 선포했다.

구약에서도 믿음의 조상들의 경우를 보면, 하나님이 아브라함과 언약을 맺으시던 때에 땅과 큰 민족을 약속하시고 그가 모든 족속에게 복이 될 것이라고 한 말씀은 바로 하나님의 나라에 대한 약속이었다(창 12:1-3). 히브리서 기자의 해석을 빌리면, 아브라함은 하나님의 언약의 말씀을 통해서 하나님이 계획하고 만드시는 성, 하늘 나라를 비전으로 보았다(참고, 히 11:10, 14-16). 모세는 언약의 말씀 속에서 하나님이 이스라엘 백성을 하나님의 제사장 나라로 삼으신 것을 알게 되었고(출 19:5-6), 다윗은 그에게 하나님이 주신 언약의 말씀 속에서 하나님이 견고케 하실 영원한 왕국을 미리 보았다(삼하 7:12-14).

이로 보건대, 언약의 복음을 통해 예수를 그리스도로 영접하여 믿는 믿음의 사람의 비전은 하나님의 나라이다. 그러기에, 예수님은 말씀하시기를, "너희는 먼저 하나님의 나라와 그 분의 의를 구하라."(마 6:33)고 하셨다. 또한 기도를 가르치던 때에도 아버지의 나라가 임하기를 위하여 기도할 것을 가르치셨다(마 6:10).

1. 하나님의 나라의 실체

경건한 사람이 끊어지고 신실한 사람들이 인생 중에서 사라졌으며, 비열함이 인생들에게 높임을 받고 사방에 악인이 활보하는 이 악한 시대(시 12:1, 8), 인생들이 어리석어 "하나님이 없다"하고 그 행실이 부패하여 역겨운 이 악한 시대(시 13:1)에 하나님의 나라를 구하는 것은 너무나 절실한 시대적 사명이다. 그런 까닭에, 바리새인들마져도 예수님께 하나님의 나라가 언제 오는지를 질문하였고(눅 17:20), 예수님의 제자들도 부활하신 예수님께 묻기를, "주님, 주께서 이스라엘에게 나라를 회복하실 때가 이때입니까?"(행 1:6) 하였다.

구약 시대에도, 죄로 말미암아 고통 가운데서 하나님의 백성들이 고대하고 희망한 것은 메시아와 함께 이루어질 하나님의 나라였다. 메시아가 왕으로 오셔서 회복하고 통치하시는 하나님의 나라, 인자 같은 이를 통하여 영원히 견고하게 설 하나님의 나라(참고, 단 2:44-45; 7:13-14)를 이스라엘 백성들은 대망하였다. 다시 말해서, 이스라엘 백성들이 대망한 것은 메시아와 하나님의 나라였다. 그래서 하나님이 약속하신 새 언약과 새 하늘과 새 땅도 함께 대망했던 것이다(렘 31:31-34; 히

8:8-13).

출애굽기 19:6을 배경으로 하고 있는 베드로전서 2:9 "너희는 택하심을 받은 족속이고, 왕 같은 제사장들이고, 거룩한 나라이고, 그 분의 소유된 백성이다."는 이 말씀에 의하면, 하나님의 택하심을 받은 바 그의 소유된 백성이 하나님의 나라이다. 그런데 이 백성들의 머리가 되시고(엡 1:22) 영도자 되신 분(행 5:31)이 예수 그리스도이시기 때문에, 예수 그리스도가 하나님의 나라이시다.

옛 군주국가에서는 왕이 통치권을 행사하고 법을 만들며 영토의 소유권을 독점하고 백성들을 신하로 두었기에 왕 자신이 나라였다. 나라의 실체가 왕이었다. 이에 비하여, 오늘의 민주 국가에서는 모든 권력(통치권)이 백성들에게서 나오고, 백성들이 영토의 소유권을 가지고 있고, 백성들이 법을 만들기 때문에 백성이 나라이다. 이로 보건대, 하나님의 택한 백성들이 바로 하나님의 나라이기도 하다.

성경에 보면, 예수 그리스도는 영도자, 곧 임금이시되(행 5:31), '생명의 영도자'(또는, '창시자')(행 3:15), '구원의 영도자'(또는, '창시자')(히 2:10)이시고, '이스라엘의 임금'(요 1:49), '주님'(벧후 1:10), '만왕의 왕, 만주의 주'(계

19:16)이시고, 예수님 자신도 빌라도 앞에서 '내가 왕이 다'(요 18:37)라고 시인하셨다. 그는 이 세상에 속하지 않 은 '내 나라'가 구별되어 있다고도 하셨다(요 18:37). 한 편, 베드로는 예수님을 '하나님'으로(벧후 1:1) 바울은 '우 리의 크신 하나님'으로(딛 2:15), 그리고 요한은 '참 하나 님'이라 하였다(요일 5:20).

이로 보건대, 하나님의 택하심을 입은 백성들도 하 나님의 나라인 것이 사실이지만(참고, 민주국가에서도 백 성이 나라이다.), 우리의 참되고 크신 하나님이시오, 영도 자요, 임금이시오, 주님이시오, 만왕의 왕 만주의 주이 신 예수 그리스도가 본질상 하나님의 나라의 실체이다. 아버지 하나님께서 자기의 택하심을 받고 소유된 백성 을 그의 유일한 아들이신 예수 그리스도에게 주셨고(요 17:6,9), 선한 목자 되신 예수 그리스도가 자기 양떼인 백성들을 위하여 자기의 목숨을 대속제물로 내어 주셨 기에(요 10:15; 막 10:45), 예수 그리스도가 하나님 나라 의 실체인 것이 분명하다. 예수 그리스도가 하늘과 땅 의 절대 통치권을 가지고 계실 뿐 아니라(마 28:18), 죄 용서하는 권세(마 9:6), 심판하는 권세(요 5:27), 사탄 마 귀를 파멸하는 권세(마 12:28), 그리고 죄와 사망을 이기 는 권세(고전 15:56-57) 등을 가지고 계시기에 그가 하나님의 나라를 세우셨다(참고, 마 12:28, "내가 하나님의 영을 힘입어 악령들을 쫓아낸다면, 하나님의 나라가 너희에게 임하였다."; 눅 17:21, "하나님 나라는 너희 가운데 있다.").

인류 역사의 기원(era)이 예수 그리스도의 탄생을 기점으로 삼은 것을 보아도, 그 분은 역사의 중심이요, 만왕의 왕이요, 나라이시다. 모든 것이 그분에게서 나오고, 그분으로 말미암고, 그분에게로 돌아간다(롬 11:36). 이는 하늘과 땅에 있는 모든 것들 뿐 아니라 주권들과 통치들과 권세들이 그 분 안에서 그리고 그 분으로 말미암고 그분을 위해 창조되었기 때문이다(골 1:16). 예수님이 모든 것(all)이시기에(골 3:11), 그가 하나님 나라이시고, 하나님 나라의 실체이다.

2. 하나님의 시작된(inaugurated) 나라

예수님이 성령으로 잉태되어 마리아에게서 다윗의 자손으로, 곧 다윗의 왕권을 가지고 자기 백성을 죄에서 구원하고 그들과 함께 하고져 태어나심으로써 사실상 하나님의 나라가 시작되었다. 그래서 마태는 이 사실을 밝히기 위해서 그의 복음서 1장에서 예수 그리스도의 족보를 소개할 때 다윗의 자손으로 언급했다.(참조, 마 1:1, "이분은 다윗의 자손이고 아브라함의 자손이다." 참고, '아브라함과 다윗의 자손이다'라는 번역은 잘못된 것임.).

다윗의 자손으로서 오신 예수님을 소개하고져 했기에 예수님의 족보를 아브라함으로부터 다윗까지 14대, 다윗으로부터 바벨론 포로까지 14대, 포로 이후 예수님까지 14대로 구분한 것은 '14'라는 숫자가 7의 배수로서 '때가 찼다'는 것을 상징적으로 보여주고, 또 '다윗'이라는 이름이 숫자로 계산하면 14인 점을 고려한 것이다.

다시 말해서, 마태가 족보에서 의도한 바에 의하면, 다윗의 언약을 따라 때가 차매 여자, 곧 마리아에게서 예수님이 다윗의 왕권을 가진 메시아로 태어났다. 그런 까닭에, 예수님이 다윗의 자손으로 때가 차서 오신 것은 창세기 3:15의 원시 복음의 성취이기에 그가 오심으로 하나님 나라가 사실상 시작된 것이다. 그래서 그의 탄생이 인류 역사의 기원이 되었다.

그러나, 예수님이 자기 백성을 죄에서 구원하여 그들과 함께(임마누엘) 하시기 위해서는 성령으로 기름부음 받아 충만하고 권능을 입어 메시아, 곧 그리스도로서 삼중직의 권세를 행하셔야 했다. 다시 말해서, 예수님이 성령으로 기름 부음을 받은 그리스도가 되셔야 하나님 나라가 실제적으로 시작되는 것이다.

예수님이 요단강에서 세례자 요한에게 세례를 받으시던 때에 성령이 그분 위에 임하여 부어짐으로(눅 3:21-22), 성령으로 충만하였고(눅 4:1), 성령의 권능을 힘입어(눅 4:14) 예수님은 온 갈릴리를 다니시면서 그들의 회당들에서 자기에 대하여 예언된 성경을 가르치시고(참고, 눅 4:16-21), 하나님 나라의 복음을 선포하시며, 백성들 가운데 모든 병과 악령들린 자들을 고치셨다(마 4:23-24). 성경을 가르쳐 예수가 그리스도이심을 밝히고, 하나님 나라의 복음을 선포하여 질병을 치유하고 악령들린 자들을 치료해 줌으로써 회개하고 복음을 믿는 일들이 일어나 하나님 나라가 실제적으로 시작된 것이다. 그래서 예수님은 말씀하셨다. "내가 하나님의 성령을 힘입어 악령들을 쫓아낸다면, 하나님 나라가 너희에게 임하였다."(마 12:28).

예수님은 바리새인들이 하나님 나라가 언제 오는지 질문하자, 그들에게 대답하여 말씀하시기를, "하나님 나라가 너희 가운데 있다."(눅 17:21)고 하셨다. 이 말씀을 두고서 어떤 신학자들은 하나님의 나라가 사람들의 심령 속에 있다고 잘못 해석했다. 누가복음 17:21에서

'너희'는 예수님의 대답의 직접 대상인 바리새인들이다. 그리고 '가운데'는 헬라어로 '엔토스'인데, 이 단어는 '심령 속에' 라기 보다는 '사람들 가운데'(in the midst of)를 의미한다. 그러므로 '너희 가운데'는 '바리새인들의 심령 속에'라기 보다는 '바리새인들이 함께 살고 있던 사람들 가운데' 즉 '바리새인들이 목격하고 있던 사람들 가운데'를 의미한다. '심령 속에'라고 해석하게 되면, 바리새인들의 심령 속에 하나님의 나라가 임해 있다고 하는 말이 되는데, 예수님께서 바리새인들의 심령 속에 하나님의 나라가 임해 있다고 말했을 리 없다.

누가복음 17장에서 바리새인들이 목격한 사람들, 또는 그들이 목격한 바 예수님의 하신 일들로는 첫째, 회개와 죄 용서에 대한 것이다(1-4절). 바리새인들은 예수님의 복음을 듣고서 죄를 회개하고 용서받은 사람들을 목격했다(예: 요한 4장의 수가성의 여자; 요한 8장의 간음하다 잡힌 여자; 눅 19장의 삭개오 등). 둘째, 믿음에 대한 말씀이다(5-6절). 바리새인들은 예수님께서 믿음을 보시고 병을 치료해 주신 사람들을 목격했다(예: 마태 8장의 나병환자, 백부장의 종, 베드로의 장모, 악령들린 두 사람; 마태 9장의 중풍병자, 혈루증 걸린 여인, 야이로의 딸, 두 맹인 등). 셋째, 섬김에 대한 말씀이다(7-10절). 예수님 자신이 섬기는 종으로 오셨다(막 10:45). 넷째, 열 명의 나병 환자들을 예수님이 고쳐주셨다(11-19절). 예수님은 나병 환자들을 불쌍하게 여기시어 고쳐 주셨다.

누가복음 17장에서 예수님의 말씀과 하신 일들을 통하여 바리새인들이 직접 눈으로 목격한 대로 하나님의 나라가 이미 임한 것이다. 마태복음 9:35대로, 예수님께서 자기에 대해 성경 말씀으로 가르치시고, 하나님 나라의 복음을 선포하시며, 모든 병과 모든 약한 것, 그리고 악령 들린 자를 고쳐 주심으로 하나님 나라가 실제로 이 땅에서 이미 시작된 것이다. 한국 교회의 역사를 보더라도, 선교사들이 이 땅에 들어와 성경을 가르치되 복음을 선포하고 나병환자, 결핵환자, 각종 질병을 치료함으로써 하나님의 나라가 이 땅에 임하고 또 시작되었다. 복음 선포를 통해서 결과되는 믿음과 회개 및 치료가 있음으로 하나님의 나라가 사람들의 눈에 목격되는 것이다.

로마서 14:17, "하나님의 나라는 먹는 것과 마시는 것이 아니고, 오직 성령 안에서 의와 평화와 기쁨이다." 이 구절에 관해서도 여러 신학자들과 목사들이 심령 천국으로 잘못 해석했다. 하나님의 나라는 성령으로 말미암아 있게 되는 의와 평화와 기쁨인 바, 바울이 말하고자 한 의는 영어로, 'righteousness'이다. 이 단어는 '공의'로도 번역되는 것으로, 인애로 허물을 덮어주어 용납함으로써 서로 덕을 세우는 것을 뜻한다(참고, 롬 14:18, '서로 덕을 세우는 일').

로마서 14:21에 비추어 보면, 형제를 걸려 넘어지게 하지 않는 것이고, 14:1에 의하면, 믿음이 연약한 자를 받아들이고 그가 의심하는 것을 비판하지 않는 것이며, 15:1에 의하면, 연약한 자의 약점을 담당하는 것이다. 그리고 평화(영어로, 'peace')는 다투지 않는 것이다. 덕을 세우는 의의 행동을 통해서 얻어지는 것이 바로 평화이다. 평화가 있는 곳에 기쁨이 있다.

'평화'라는 단어는 '로마의 평화'(Pax Romana)를 연상케 한다. 로마제국은 정치 경제적인 번영을 통한 평화를 약속했다. 로마제국이 바로 평화의 심볼이었다. 그러나 바울에 의하면, 하나님의 나라가 참된 평화이다. 로마제국은 법과 정의를 외쳤으나, 사실은 불법과 불의로 가득찬 나라였다. 이에 반하여, 하나님의 나라는 정의와 공의와 공정이 있다. 이 하나님의 나라는 성도의 심령 속에 있는 것이 아니라, 성도들 가운데, 곧 교회 가운데 의(정의, 공의, 공정)가 실현되고 평화와 덕을 서로 도모하여 기쁨을 나누는 곳에 이미 시작된 것이다.

예수님께서 12명의 제자를 사도로 세워 파송하던 일(마 10:1-15; 막 3:13-19)과 72명의 제자들이 전도 여행에서 돌아와 보고한 일(눅 10:17-20)에 비추어 보면, 하나님의 나라는 악령들을 쫓아내고 모든 병과 약한 것과 나병 환자들을 치료해 주는 것과 함께 하나님 나라의 복음을 선포하는 일을 통해 하나님의 의를 실현하는 것이 먼저이다. 복음을 선포할 때 평화를 기원해 준다(마 10:12). 그리고 복음 선포할 때에 악령을 제압하는 기쁨이 있다. 제자들의 이름이 하늘에 기록되는 기쁨이 있다(눅 10:20). 그러기에 하나님의 나라는 성령 안에서 의와 평화와 기쁨이다.

예수님께서는 하나님의 나라와 함께 하나님의 의를 구하라(마 6:33)고 제자들에게 말씀하셨다. 바울은 '성령 안에서 하나님의 나라'를 언급할 때 먼저 '의'를 앞세웠다(참고, 롬 14:17). 하나님의 의가 없이는 사실상 하나님의 나라가 있을 수 없다. '정의'는 히브리어로 '미쉬파트'인데 때로는 '법'으로도, 또는 '판결'로도 번역된다. 이 '법'이라고 하는 '정의'가 없이는 나라가 시작될 수가 없다. 세속 국가의 경우도 법이 제정되고서야 정부, 곧 나라가 시작될 수 있는 것이다.(참고, 대한민국이 공식적으로 시작되던 때 국회가 헌법을 제정하고나서 정부가 수립되었다. 그래서 제헌절은 7월 17일이고, 정부 수립일은 8월 15일이다.)

　하나님 나라의 기초는 정의와 공의와 공정이다(시 89:14; 99:4; 잠 1:3; 2:9). 시편 103:6-8에 보면, 정의와 공의와 공정은 은혜와 인애와 긍휼과 함께 한다. 하나님의 나라의 기초는 은혜와 인애와 긍휼이 함께하는 정의와 공의와 공정이다. 정의(히브리어, '미쉬파트')가 없으면 살육(히브리어, '미쉬파흐')과 폭력이 난무하게 되고, 공의(히브리어, '체다카')가 없으면 울부짖음(히브리어, '체아카')이 하늘을 찌른다(사 5:7). 이 땅에서 스스로 인애와 정의와 공의를 행하시는(렘 9:24) 여호와 하나님은 자기의 사람들에게 정의를 행하고 인애를 사랑하라(미 6:8)고 요구하셨고, 정의가 물같이, 공의가 마르지 않는 강 같이 흐르게 하라(암 5:24)고 명하셨다.

　하나님이 믿음의 조상 아브라함을 택하여 부르신 실제적 목적은 아브라함 스스로 먼저 정의와 공의를 행하고, 또 자기의 가족과 후손에게 그 정의와 공의를 행할 것을 가르치도록 하는 것이었다(창 18:19). 잠언에 보면, 하나님을 경외하는 지혜로운 자들은 하나님의 말씀을 분별하여 정의와 공의와 공정을 행한다(잠 1:2-3). 그래서 하나님의 사랑을 아는 경건한 자들의 길에는 정의와 공의와 공정이 있다(잠 2:9).

아브라함의 언약의 흐름 속에 있는 믿음의 사람들에게 예수님께서 하나님의 나라와 함께 구하라고 하신 하나님의 의는 구약을 참조하면 정의와 공의와 공정이다.

정의(正義, 히브리어, '미쉬파트'; 헬라어, '크리시스' 또는 '디카이오마'; 영어, 'justice')는 히브리어의 경우 '법'(law 또는 rule; 시 119:20, 106), 또는 '판결'(judgment 또는 sentence ; 시 119:7)로도 번역된다. 이 정의는 하나님의 말씀의 법에 비추어 옳고 그름을 분별하여 행하는 것이다. 그래서 이 정의에는 본질적으로 사법적(judicial) 성격이 있다. 말씀의 법을 따라 선하게 행하면 보상해 주고, 법을 거스려 악하게 행하면 형벌로 보복해 준다. 그래서 보상적(remunerative)이면서 보복적(retributive)인 성격이 있다(참고, 신 28:2, 15; 시 75:10).

이 정의는 은혜(히브리어, '헨' ; 헬라어, '카리스'; 영어, 'grace')와 함께 한다(참고, 시 112:5). 이 은혜는 정의를 행하여 죄를 이기게 하는 능력이 있다. 바울이 말한 대로 죄가 많은 곳에 은혜가 넘치는 것은(롬 5:20), 은혜가 죄를 다스리고(롬 5:21) 죄에 대하여 죽게 하기 때문이다(롬 6:1). 은혜는 이렇듯 우리를 죄에서 구원하는 능력이다(롬 3:24; 엡 2:5,8).

은혜는 우리의 약함을 이기게 하는 하나님의 능력이다(고후 12:9). 죄를 이기게 하고 정의를 행하는 능력이 바로 하나님의 은혜이다. 그러기에, 하나님의 나라는 우선 하나님의 은혜로 말미암아 정의와 법으로 다스리는 법치(法治, rule of law)이다.

공의(公義, 히브리어, '체데크'; 헬라어, '디카이오쉬네', ; 영어, 'righteousness')는 허물과 죄를 용서하고 덮어 포용하는 것이다. 이 공의는 본질상 구속적(redemptive)이다. 이 공의는 하나님의 언약적 사랑인 인애(히브리어, '헤세드'; 헬라어, '아가페'; 영어, 'loving-kindness' 또는 'steadfast love')는 변함도 없고 다함도 없는 신실한 사랑으로서 공의와 함께 죄와 허물을 용서하고 관용한다(시 51:1; 103:10-12). 그러기에, 하나님의 나라는 하나님의 인애와 공의로 다스리는 인치(仁治, rule of loving-kindness)이다.

죄인들의 구주이신 예수님은 연약한 자를 비판하거나 판단하지 말고, 공의와 인애로 죄를 용서하고 오래 참고 관용하라 말씀하셨다. "나의 아버지께서 인애로우신 것 같이 너희도 인애로운 자가 되어라. 판단하지 마라. 정죄하지 마라. 용서하여라."(눅 6:36-37). 특별히, 예수님께서 십자가 상에서 이루신 의로 말미암아 그를 믿고 영접하는 자마다 그 분 안에서 의롭다 함을 받는다

(롬 5:18).

공정(公正, 히브리어, '메이샤림'; 헬라어, '이소테스'; 영어, 'fairness' 또는 'equity')은 공의와 정의와 늘 함께 한다(잠 1:3; 2:9; 시 99:4). 이 공정은 정치, 경제, 사회적으로 가난하고 약하며 고통 받는 자들에게 도움을 베풀어 준다. 이 점에서 공정은 약한 자를 도운다는 점에서는 사회적(social)이고, 가난한 자와 함께 나눔을 갖는다는 점에서는 분배적(distributive)인 성격이 있다.

이 공정은 약하고 병들고 가난한 자들의 아픔을 함께 하는 깊은 속정(deep inward feeling), 곧 긍휼(히브리어, '라함'; 헬라어, '엘레오스'; 영어, 'compassion' 또는 'mercy' 또는 'pity')을 통해서 베풀어진다. 가난한 자들에게 관용을 베풀어 흩어 나누어 주고(잠 11:24-25), 그들을 돌보고 호의를 베풀며(잠 14:21; 19:17) 배려한다(골 4:1). 병든 자들의 아픔을 함께하고(마 8:17; 9:27), 약한 자의 편에 선다(참고, 요한 4장의 수가성의 여자; 요한 8장의 간음하다 잡힌 여자). 예수님은 친히 부요한 자로서 가난하게 되어 우리를 부요하게 하셨고(고후 8:9), 부요한 자들이 가난한 자들에게 베풀어 나눔으로써 서로 균형, 곧 공정을 이루도록 하셨다(고후 8:14).

공정은 이처럼 힘이 있고 건강하고 가진 것이 있는

자가 힘 없고 병들고 가난한 자들의 아픔을 함께하며 긍휼을 베풀어 주고, 함께 더불어 사는 덕치(德治, rule of virtues)이다.

이렇듯, 지금 이 땅에서 복음 선포와 구제와 치유 사역을 통하여 이미 시작된 하나님의 나라는 하나님의 말씀의 법에 따라 옳고 그름을 분별하여 은혜로 선을 행하고 죄를 이기는 정의와, 허물과 죄를 인애로 덮고 용서하여 관용을 베푸는 공의와, 병들고 약하고 힘없으며 가난하여 고통 받는 자들과 긍휼로 아픔을 함께 하며 베풀어 도움을 주는 공정의 실현을 통해서 세워진다. 은혜와 인애와 긍휼과 함께하는 정의와 공의와 공정이 없이는 하나님의 나라가 이 땅에서 지금 시작될 수가 없다. 우리는 심령 천국을 구하거나 기대할 것이 아니고, 정의와 공의와 공정이 우리의 삶의 현장에서 언약의 여정을 따라 실현되는 천국을 구하고 확산시켜야 한다. 복음 선포와 치유 사역과 악령들을 파멸시키는 일과 사랑의 죄 용서와 사귐이 있는 하나님 나라를 은혜와 인애와 긍휼 및 정의와 공의와 공정의 실현으로 임하게 해야 한다.

3. 하나님의 미래의 나라

예수 그리스도께서 이미(already) 시작한(inaugurated) 하나님의 나라는 공중 권세 잡은 사탄 마귀의 사악한 활동(엡 2:2)과 하나님의 자녀들 안에 아직도 남아 있는 죄의 정욕들과 탐심들(롬 7:5, 8) 때문에 침해 당하고 있다. 그래서 마지막 날 있을 그리스도의 심판과 완전히 새로워질 새 하늘과 새 땅을 그리스도인들은 고대한다. 즉, 마지막 날에 임할 하나님의 미래의 나라를 대망하는 것이다.

하나님의 나라는 그리스도의 오심으로 이미(already) 시작되었으나, 아직(not yet) 최종적으로 임하지 않고 미래의 마지막 날에 완성된다는 점에서 이중적이다. 하나님의 나라는 이미 시작되었으나, 아직 아니다. 그리스도의 초림으로 시작되었으나, 그의 재림으로 완성된다.

세례자 요한이 옥에 갇혔을 때 자기의 제자들을 예수님께 보내어 '오실 그이가 당신입니까?'(마 11:3)라고 물었다. 그는 자기에게 불의를 행한 악한 헤롯과 그의 무리들을 메시아로 오신 예수께서 당장 불로 심판해 줄 것을 기대했으나, 예수님께서는 아무 일도 행하지 아니할 것처럼 보였기 때문에 예수님 하시는 일에 대하여 의심이 생겼다.

세례자 요한의 질문에 대하여, 예수님께서는 이사야의 예언의 말씀(사 35:5-6)대로 지금 자기가 메시아가 해야 할 일들을 행하고 있음을 밝혀 주셨다. 다시 말해서, 이사야가 예언한 바 메시아가 할 일은 앉은뱅이와 나병 환자와 귀머거리와 죽은 자와 가난한 자들에게 하나님의 은혜와 긍휼을 베풀어 치유하는 것이며, 이를 위하여 자기가 하나님께로부터 보내심을 받은 사실을 세례자 요한에게 일깨워 주었던 것이다(마 11:4-6). 세례자 요한은 마지막 날에 있을 하나님의 권능의 불의 심판만을 알 뿐, 예수님이 오셔서 행하시는 치유와 죄 용서의 은혜의 나라가 이미 시작된 것에 대해서는 몰랐다.

말세에 이미 시작된 하나님의 나라는 그리스도의 초림과 함께 그가 은혜의 죄용서와 치유를 통해서 죄와 사탄 마귀를 이긴 하나님의 현재적 나라이고, 장차 마지막 날 내세에 완성될 하나님의 나라는 그가 권능의 심판을 통해 죄와 사망을 최종적으로 이기는 하나님의 미래적 나라이다.

마태복음 13:24-30에 말씀되어 있는 가라지 비유에서 추수 때와 관련된 하나님 나라는 47-52절의 그물 비유에서 언급하고 있는 풀무불의 경우처럼, 그리스도가 영광스럽게 재림하시어 불로 심판하심으로 완성되는 하나님의 미래적 나라이다. 이 하나님 나라는 마지막 날세상 끝에 완성되는 것으로, 의인들은 부활하여 영원한 기쁨과 생명을 누릴 것이나, 악인들은 부활하여 지옥의 불의 형벌과 고통을 당하게 된다.

"심판의 날에 악인은 그리스도의 왼편에 서게 된다. 거기서 자신들의 양심의 명백한 증거와 완전한 유죄 판결에 근거하여, 두렵지만 의로운 정죄 판결이 그들에게 선언되는 것이다. 이로 인하여, 하나님의 자애로운 면전에서 쫓겨날 뿐 아니라, 그리스도와 그의 성도들과 그리고 그의 모든 천사들과의 영광스러운 교제가 끊어지고 지옥으로 떨어진다. 그리하여 몸과 영혼이 다같이 마귀와 악한 천사들과 더불어 영원히 말할 수 없는 고통으로 벌을 받는다."(웨스트민스터 신앙고백 대요리 89문답)(참고, 마 13:42; 25:41; 막 9:47-49).

"심판날에 의인은 구름을 타고 그리스도에게로 올라가 그의 오른편에 서게 된다. 거기서 공개적으로 의롭다 인정을 받을 뿐 아니라 무죄 선언을 받으며, 버림 받은 천사들과 사람들을 심판하는 일에 그리스도와 함께 참여한다. 그리고 하늘에 영접되어 거기서 모든 죄와 불행으로부터 완전히 그리고 영원히 해방될 것이다.

그들은 상상할 수 없는 기쁨으로 충만하고, 몸과 영혼이 완전히 거룩하고 행복하게 되어, 수많은 성도들과 천사들의 무리 가운데 들게 된다. 특별히, 성부 하나님과 우리 주 예수 그리스도와 성령님을 영원토록 직접 보며 즐거워할 수 있게 된다. 이것은 완전하고 충만한 교제인 바, 무형교회 회원들이 부활과 심판의 날에 영광 중에서 그리스도와 더불어 이 교제를 누린다."(웨스트민스터 신앙고백 대요리 90문답)(참고, 딤후 4:8; 시 16:10-11; 계 7:13-17; 21:3-4.)

마지막 날에 그리스도 예수님께서는 부활한 성도들의 영생과 기쁨의 복을 위하여 신천신지(새 하늘과 새 땅)를 세우신다. 인류의 조상 아담의 범죄로 말미암아 땅이 저주를 받아 허무한 데 굴복하고 썩어짐을 당하게 되었으나(롬 8:20-21), 그리스도의 십자가의 피 흘림의 속죄로 말미암아 모든 만물이 하나님께 화목되고(골 1:20), 하나님이 불로 태워 새 하늘과 새 땅을 창조하신다(벧후 3:12-13).

이사야 선지자가 예언한 대로, 이 새 하늘과 새 땅은 이전 것과는 전혀 성질이 다른 세상이며(사 65:17), 모두가 영원히 살고(사 65:20), 모든 피조물이 서로 평화를 즐기므로 해함이나 상함이 없다(사 65:25). 그리고 여호와를 아는 지식이 충만하게 된다(사 11:9 하). 사도 요한이 환상 중에 본 새 하늘과 새 땅 역시 사망이나 아픔이 없고, 처음 것들이 다 없어진 새롭게 된 세상이요(계 21:4-5), 하나님이 자기 백성 가운데 친히 함께 계시는 거룩한 성전이다(계 21:2-3). 현재의 우주와 동일성을 가지고 있으면서도 영화롭게 혁신된 새 창조(new-made)이다.

꿈(Dream)

사도행전 1:8

제3장

꿈(Dream)

사도행전 1:8

그러나 성령이 너희에게 임하시면
너희가 권능을 받고 예루살렘과 온 유대와 사마리아와
땅 끝까지 이르러 내 증인이 될것이다.

환상을 본 자는 꿈을 꾼다.(행 2:17, "너희 젊은이들이
환상을 보며, 너희 노인들은 꿈을 꿀 것이다.") 예수 그리스
도 안에서(행 1:1) 하나님 나라의 비전을 본(행 1:3) 자는
세계 복음화의 꿈을 꾼다(행 1:8). 오스왈드 챔버스의
「주님은 나의 최고봉」(1월 31일자와 2월 1일자 및 2월 4일
자 글들)에 보면, 주님은 우리를 거룩한 사람이 아니라,
하나님의 복음을 선포하는 사람으로 부르셨다. 자신의
깨끗하고 거룩한 성품 개발에만 신경을 쓰는 사람은 하
나님의 복음의 실체를 체험하지 못하고, 따라서 복음
선포에 관심이 없게 된다. 하나님이 우리를 부르신 목적
은 그분의 나라의 복음을 전파하는 것이요, 바울의 유

일한 열정은 하나님의 복음을 전파하는 것이었다. 복음 선포의 주요 목적은 개인의 거룩 체험이 아니고, 그리스도께서 십자가에서 성취하신 구속(redemption)의 사랑을 전하는 것이다. 챔버스에 의하면, 우리의 하나님이 언약의 중보자요 복음이신 예수 그리스도 안에서 우리에게 하나님 나라의 비전을 주시어 우리를 부르신 목적은 복음을 세상에 선포하여 세계 복음화를 꿈 꾸는 것이다.

이 세계 복음화는 언약으로 나를 먼저 살리는 '나의 복음화'로부터 시작한다. 언약과 복음으로 나를 살리면 가정과 교회를 살릴 수 있고, 교회를 살리면 국가도 살릴 수 있다. 국가가 복음으로 살아나면 세계 복음화의 문이 열린다. 우리는 세계 복음화의 큰 꿈을 이루기 위해 우리의 생(life)을 걸어야 한다.

1. 나의 복음화

믿음의 조상 아브라함은 갈대아 우르에서 영광의 하나님이 그에게 나타나(행 7:2), 하란에 머물고 있을 때 아비 집을 떠나 가나안 땅으로 가라 명령하시자 믿음으로 순종했다. 그 때 그는 그에게서 장차 태어날 후손에게서 그리스도를 언약으로 붙잡았다(참고, 갈 3:16). 그리고 하나님께서 그에게 말씀하시기를, '모든 족속(이방인)이 너로 말미암아 복을 받을 것이다.'(창 12:3)라고 하셨을 때, 아브라함은 그 말씀에서 그에게 전해진 복음을 들었다(참고, 갈 3:8, "먼저 아브라함에게 복음을 전하기를").

이로 보건대, 아브라함은 믿음의 조상으로 부르심을 받고서, 하나님의 언약과 복음으로 하나님 나라를 꿈꾸며 복음화가 되었다. 다시 말해서, 아브라함은 그리스도를 자기 속에 각인하고, 언약으로 하나님 나라를 꿈꾸며, 오직 성령으로 체질이 바뀜으로 복음화가 되었던 것이다. 아브라함은 복음을 듣고 믿음으로 성령을 받아(참고, 갈 3:2, 14) 체질이 바뀌었기에 그 자신이 복음화될 수 있었다.

하나님이 아브라함을 부르셨을 때 아비 집을 떠나라고 하신 것은 그를 믿음의 조상으로 삼아 믿음의 가문을 이루기 위함이었다. 그래서 하나님은 그에게 명령하셨다. "내가 그(아브라함)을 선택한 것은 그가 그의 자식과 그 가족들에게 명령하여 여호와의 도를 지켜 공의와 정의를 행하게 하고, 나 여호와가 아브라함에게 대하여 말한 것을 그에게 이루려 하는 것이다."(창 18:19).
아브라함은 그의 아들 이삭이 언약의 흐름 속에 있게
하며 하나님 나라를 계승하도록 육신의 아들인 이스마
엘을 내쫓아야했다(창 21:8-21; 갈 4:10, "여종과 그 여자
의 아들을 내쫓아라. 여종의 아들이 결코 자유를 가진 여자
의 아들과 함께 상속받지 못할 것이다.").

아브라함은 계대 신앙 교육을 통하여 아들 이삭과
손자 야곱이 하나님의 동일한 언약의 상속자로 삼고
져 더불어 함께 장막에 거주하였다(히 11:9). 손자와 손
녀들이 할아버지와 할머니와 더불어 살지 않는 까닭에
가족으로도 생각하지 않는 오늘의 우리 사회 현실 속에
서는 계대 신앙 교육은 아예 꿈도 꿀 수 없어 안타깝다.
개인 복음화가 가족 복음화로 이어져야 언약의 흐름이
활발해 질 수 있다.

블레셋의 골리앗 앞에서 이스라엘이 위기를 맞았
을 때 소년 다윗이 그와 맞서 여호와의 이름으로 그를
무찔러 이겼을 때(삼상 17:42-54), 골리앗 앞에서 두려
워 떨었던 사울왕은 다윗을 시기하게 되었고, 이에 악
한 영이 사울에게 강하게 임하였다. 사울은 평일과 같
이 손으로 수금을 타는 다윗을 향해 창을 던져 죽이려
고까지 했다(삼상 18:6-11). 다윗이 자기를 향해 시기 질

투 뿐 아니라 살기마저 품고 있던 사울 곁에서 평소에 수금을 탄 것은, 악한 영이 사울에게 임할 때마다 그가 수금을 손으로 연주하면, 사울에게서 악령이 떠나가고 기분이 상쾌해졌기 때문이었다(삼상 16:23). 이처럼 다윗은 성령 충만하여(삼상 16:13) 수금을 연주하여 악령에 시달리던 사울왕을 치유해 주었던 것이다.

개인의 복음화는 나 자신만이 복음을 각인하는데 머무르지 않고, 복음을 가지고 악령에 사로잡혀 있는 자를 변화시켜 예수님을 믿어 영접케 하는데 있다. 개인을 상대로 하는 복음 전도는 개인 복음화의 유일한 수단이다. "그들이 믿지 않는 분을 어떻게 부르겠느냐? 듣지도 못한 분을 어떻게 믿겠느냐? 전파하는 자가 없이 어떻게 듣겠느냐? ... 그러므로 믿음은 들음에서 나며, 들음은 그리스도의 (복음의) 말씀으로 말미암는다."(롬 10:14, 17).

다마스쿠스(또는, 다메섹)로 가던 길에서 바울을 예수님이 만나주셨다. 신명기 21:23에 의하면, 십자가(나무)에 달려 사형을 당한 자는 하나님께 저주를 받았기 때문에, 바울은 확신하기를, 십자가에 못 박혀 하나님의 저주를 받아 죽은 나사렛 사람 예수는 결코 그리스도일 리가 없었다. 그런데 십자가에 달려 못 박혀 죽은 그 저주 받은 예수가 영광 중에서 그에게 나타나셨던 것이다(행 9:1-5). 십자가에 못 박혀 죽은 그 예수가 영광과 권능 가운데 계시는 그리스도였다. 바울은 까부라져 혼절하고 말았다. 삼일 동안이나 보지도 먹지도 마시지도 못했다(행 9:7).

이 사건을 계기로 바울은 예수 그리스도에게서 직접 계시를 통하여 복음을 들었다. 그리고 그는 이방인들을 위한 사도로 특별히 세움을 받았다(행 9:15; 갈 1:16). 그러나 그는 자기 동족 이스라엘 사람들의 구원을 위해서 자기의 목숨도 귀한 것으로 여기지 않았으며 (행 20:24), 자기 자신이 저주를 받아 그리스도에게서 끊어지는 것까지도 감수하려 했다(롬 9:1-3).

바울처럼, 개인이 그리스도로 복음화되면, 가족의 복음화를 위해서도 헌신하게 되어있다. "누구든지 자기 친척들, 특히 자기 가족을 돌보지 않으면, 그는 믿음을 저버린 것이며 불신자보다 더 악하다."(딤전 5:8). 예수님의 제자들의 경우도, 안드레가 나사렛 사람 예수를 만나 그가 메시아임을 알고 믿게 되자마자 그의 형제 시몬 베드로를 예수님께 데리고 가 소개하여 예수를 그리스도로 믿게 했고(요 1:40-42), 빌립은 나다니엘을 예수님께 소개하여 예수님이 "하나님의 아들이시며 이스라엘의 왕이십니다."(요 1:49)라고 그가 고백하게 하였다.

2. 교회 복음화

하나님의 언약과 그리스도의 복음으로 먼저 나와 내 가족을 살리면 그리스도의 몸이요(고전 12:27, 엡 1:23) 하나님의 가족이며(엡 2:19) 성령의 전인(엡 2:21) 교회를 복음화하여 살릴 수 있다. 가정이 혈연 공동체인데 비하여, 교회는 영적 공동체이다. 가정이 육신의 피와 혈연의 정을 나누는 공동체인데 비하여, 교회는 그리스도의 피와 하나님의 사랑과 성령의 깊은 긍휼의 정을 나누는 영적 공동체이다. 이 혈연 공동체의 복음화가 영적 공동체의 복음화로 이어지는 성령의 역사가 초대교회에서 나타났었다.

예수님의 열 두 사도들만 보아도 안드레와 베드로, 요한과 야고보 등이 혈연상의 형제지간이었다. 사도행전과 사도들의 서신에 언급되어 있는 가정 교회들이 좋은 실례이다. 마가 다락방이 사실상 가정 교회였다. 고넬료의 집이 가정 교회였고(행 10:44-48), 루디아의 집이 가정 교회로서 빌립보 교회의 모체가 되었으며(행 16:15),

빌립보 감옥의 간수의 집의 온 가족이 복음의 말씀을 듣고 세례를 받아 가정 교회가 되었다(행 16:31-33). 고린도에서는 브리스길라와 아굴라 부부의 집과 회당장 그리스보의 집도 가정 교회가 되었다(행 18:1-3, 8-11). 브리스길라 부부는 로마에서도 가정교회를 세웠다(롬 16:3-5). 가이오의 집 또한 가정 교회였다(롬 16:23).

이로 보건대, 초대교회가 크게 부흥하게 된 배경에는 가정이 복음화되어 교회가 세워졌기 때문이다. 브리스길라와 아굴라의 가정 복음화를 통해서 고린도교회와 로마교회가, 눔바의 가정을 통해서는 라오디게아 교회, 빌레몬 가정을 통해서는 골로새교회 등이 복음화되어 세워졌다. 가정의 복음화가 지역과 교회를 살릴 뿐 아니라, 큰 재앙을 막고 핍박을 넘어서는 응답을 받았던 것이다.

교회 복음화는 가정 복음화에서 시작되어 지역 사회를 복음화 한다. 곧 지역을 영적 공동체로 변화시켜 지역 공동체가 복음화되게 한다. 복음은 나를 살리고, 가정을 살리고, 지역을 살려, 교회 복음화를 이룬다. 교회가 복음화 되면 노인과 젊은이 간의 세대의 벽, 남자와 여자 간의 성차별의 벽, 부자와 가난한 자 및 권력층과 약한 자 간의 사회적 경제적 벽, 유대인과 이방인 간의 인종의 벽 등을 허물어 둘이 하나되어 하나님 아버지께 나아와 예배하게 한다.

3. 국가 복음화

개인과 가정 복음화가 교회 복음화로 이어지면, 국가도 살릴 수가 있다. 마가 다락방에서의 성령의 강한 역사로 초대교회가 복음화 되자, 병들고 어둠 가운데 있던 나라들이 복음으로 살아났다. 오순절 날의 성령의 역사를 경험한 자들 중에 교회에 닥친 큰 핍박으로 인하여 흩어진 자들이 소아시아 지역과 시리아 지역 및 헬라 지역까지 퍼져나갔다. 페니키아(또는, 베니게)와 키프로스(또는, 구브로)와 시리아(또는, 수리아) 땅에 복음이 전파되어 믿는 자가 크게 늘어났다(참고, 행 11:19; 12:24). 특히, 안디옥교회는 바울과 바나바를 소아시아와 헬라 지역으로 선교사로 파송함으로써 여러 나라를 살리는 선교의 중심지가 되었다(행 13:1-3).

구약에서도 보면, 사무엘이 미스바에서 금식 회개운동을 선포함으로써 이스라엘 국가가 복음화되고 치유되었는가 하면(삼상 7:5-14), 다윗이 골리앗을 이김으로써 이스라엘이 살아났다(삼상 17:42-54). 엘리야와 엘리사를 통하여 이스라엘이 아람으로부터 자유케 되었고(왕하 6:8-23), 에스더 한 사람을 통해 유대민족이 페르시아(또는, 바사)와 메대 땅에서 멸절될 위기에서 구출되었다(에 9:1).

교회 역사를 보면, 16C 초 루터를 통해서 독일이, 16C 중엽 칼빈을 통해서 프랑스와 스위스가, 17C 청교도들을 통해서 미국이, 18C 웨슬리를 통해서 영국이, 조나단 에드워즈를 통해서 미국이 각각 복음화 된 바 있다. 한국의 경우는 1907년 평양을 중심으로 영적 대부흥운동이 있어 복음화의 불꽃이 일어나기 시작했으나, 일제 강점기와 6.25 전쟁으로 인하여 교회가 약해졌었다. 그러나 1970년대 대학생선교 단체들의 활발한 활동으로 인하여 복음화의 불꽃이 재점화되었다.

대표적인 선교 단체가 CCC였고, 대표자는 김준곤 목사님이셨다. 그는 민족 복음화의 꿈을 안고 이렇게 기도했다. "어머니처럼 하나 밖에 없는 내 조국, 어디를 찔러도 내 몸 같이 아픈 조국, 이 민족 마음마다 가정마다 교회마다 사회의 구석구석 금수강산 자연 환경에도 하나님의 나라가 임하게 하시고, 뜻이 하늘에서처럼 이 땅에서도 이루어지게 하옵소서. 이 땅에 태어나는 어린

이마다 어머니의 신앙의 탯줄, 기도의 젖줄, 말씀의 핏줄에서 자라게 하시고, 집집마다 이 집의 주인은 예수님이라고 고백하는 민족, 두메마을 우물가의 여인들의 입에서도, 공장의 직공들, 바다의 선원들의 입에서도 찬송이 터져나오게 하시고, 각급 학교 교실에서 성경이 필수 과목처럼 배워지고 국회나 국무회의가 모일 때에도 주의 뜻이 먼저 물어지게 하시고, 여호와를 자기 하나님으로 삼고 예수 그리스도를 주인으로 삼으며 신구약 성경을 신앙과 행위의 표준으로 삼는 민족, 예수 의식과 민족 의식이 하나된 지구 최초의 민족 그리하여 수십만의 젊은이들이 예수의 꿈을 꾸고 인류 구원의 환상을 보며 한 손에는 복음을, 다른 한 손에는 사랑을 들고 지구촌 구석 구석 누비는 거룩한 민족이 되게 하소서."

그의 민족 복음화를 위한 열정과 기도가 1974년 엑스플로 행사를 통해 꽃을 피워 250만명의 성도가 1980년에는 500만명으로 그 숫자가 크게 늘어날 정도로 민족과 국가의 복음화가 활발하게 이루어졌다. 복음은 민족을, 그리고 국가를 살려낸다.

4. 세계 복음화

복음으로 변화된 그리스도인의 참된 꿈은 하나님의 나라가 이 땅에 온전히 임하게 하는 세계 복음화이다. 대학생 선교단체인 UBF는 1960년대 초 광주의 전남대학교와 조선대학교 및 광주교육대학교를 중심으로 캠퍼스 선교 활동을 시작하면서 "성경한국, 통일한국, 선교한국"을 위해 기도의 불을 지폈다. 1960년대 후반 독일에 간호사들을 선교사로 파송하고, 1970년대에는 미국에 의사들을 선교사로 파송하고, 기타 전문인들을 기업인 선교사, 외교관 선교사, 교수 선교사 등으로 파송하여 수천 명의 선교사를 파송한 선교 단체로 우뚝 섰는가 하면, 한국 교회와 다른 대학생 선교 단체들에게 세계 선교에 도전하는 큰 계기를 마련해 주었다. 오늘의 한국 교회가 세계 선교 역사에서 큰 비중을 차지하게 하였다. 민족과 국가의 복음화가 세계 선교와 복음화로 이어진 것이다.

하나님께서 믿음의 조상 아브라함에게 복음을 전하여 복의 통로로 삼으신 것은 모든 이방인들의 복음화를 위한 것이었다(참고, 갈 3:8). 하나님이 아브라함을 할례자, 곧 유대인들만의 조상일 뿐 아니라, 무할례자, 곧 이방인들의 조상이 되게 하신 것은(롬 4:11-12), 모든 믿는 자들의 조상이 되게 함으로써 세계 복음화를 이루시기 위함이었다. 아브라함은 많은 민족들의 조상이 되어 온 세상의 족속들이 복음화 되도록 믿음의 조상으로 부르심을 받았던 것이다(참고, 롬 4:17-18).

신약에서 바울의 경우를 보면, 그가 그리스도의 사도로 세우심 받은 것이 이방인들과 왕들과 이스라엘 자손들 모두를 위한 것이었다(행 9:15). 그래서 그는 사도들과 함께 예루살렘에 머무는 동안 복음을 담대히 가르쳤고(행 9:28), 이로써 유대와 갈릴리와 사마리아 온 지역에 있는 교회가 평안하여 든든히 세워져가고, 성도들의 수가 더 크게 늘어났다(행 9:31). 이스라엘 민족의 복음화가 활발해진 후에, 바울은 바나바의 소개로 안디옥으로 사역지를 옮겨 일년 동안 제자들을 양육했다(행 11:25-26). 그후 안디옥 교회가 바울을 선교사로 파송하게 되었다(행 13:1-3). 그는 우선 소아시아 지역과 헬라 지역에서 수년간 3차에 걸쳐 여러 곳에 여러 교회를 개척하고 제자들과 장로들과 사역자들을 세워, 세계 선교 곧 세계 복음화를 위한 발판을 마련하였다.

그가 소아시아와 헬라 지역에서 선교 사역을 사실

상 마무리 한 것은 에베소에서였다. 이 때 주님의 말씀이 힘 있게 퍼져나가고 점점 강하여졌다(행 19:20). "이 일이 다 이루어진 후에 바울이 성령 안에서 마케도니아와 아가야(즉, 헬라 지역)를 두루 다녀 예루살렘으로 가기로 작정하고 말하기를 내가 거기에 간 후에 로마도 보아야 하겠다."하고... 그 자신은 아시아에 얼마 동안 더 머물렀다."(행 19:21).

로마로 선교하러 바울이 가고자 한 것은 승천하시기 전 예수님이 제자들에게 일러준 바, 예루살렘을 비롯하여 땅 끝까지 자기의 증인이 되어 세계를 복음화하라(행 1:8)는 말씀에 따른 것이기도 하지만, 바울의 곁에 서서 "담대하라. 네가 로마에서도 증언하여야 한다."(행 23:11)의 주님의 말씀 때문이었다. 그는 로마 교회의 파송과 후원을 힘입어 땅끝으로 알려진 스페인까지 가서 복음을 전하고져 기도하였다(롬 15:28).

바울은 마침내 유여곡절 끝에 죄수의 몸으로 로마에 가서 우선 2년 동안 자신의 셋집에 머물면서 하나님 나라를 선포하고, 주 예수 그리스도 관한 것들을 담대히 가르쳐 세계 복음화의 기초를 놓았다(행 28:30-31).

지금의 세계는, 특별히, 기독교 복음화가 왕성하게 이루어졌던 유럽과 미국이 영적으로 쇠퇴함에 따라, 복음이 사라져 가고 있는 구미 선진국도 재복음화가 절실하게 필요하다. 일본과 중국을 비롯한 동남아시아 뿐 아니라, 이슬람교의 본거지인 중동 지역, 그리고 유대 종교의 아성인 이스라엘까지 복음화해야 하는 사명이 오늘의 한국교회에 있다.

일본은 선진국 답게 복음 전도의 자유가 허락되어 있으나, 그들의 생각이 우둔하고 허망하여 800만 우상 숭배와 천황 숭배로 인하여 태풍, 지진, 화산, 쓰나미 등 빈번한 재해와 재앙을 당하고 있다. 중국은 기독교 교회가 활발하게 성장하고 있으나 정부가 무신론 공산주의여서 교회와 선교사들에 대한 핍박이 날이 갈수록 심해지고 있다. 불교의 온상인 동남아시아, 힌두교 국가인 인도, 이슬람교의 근거지인 중동 지역 국가들과 유대교만을 고집하는 유대인들이 복음에 대하여 적대적이지만 세계복음화의 성령의 흐름을 막지 못할 것이다. 세계 복음화를 위해 교회는 언약의 여정을 성령의 능력을 힘입어 꾸준하게 걸어야 한다.

구상(Image)

사도행전 1:4

제4장

구상(Image)

사도행전 1:14

이들 모두가 여자들과 예수님의 어머니 마리아와 그의 동생들과
함께 한마음으로 같이하여 오로지 기도에 전념하였다.

　　세계 복음화의 꿈을 실제로 구체적으로 이루어가
는 구상(image)은 오로지 말씀과 기도에 집중함으로써
가능하다. 그리스도로 언약을 붙잡고, 하나님 나라의
비전을 보며, 세계복음화의 꿈을 꾼 마가 다락방의 초
대교회는 함께 모여 기도에 전념하고(행 1:14), 사도들
의 설교(참고, 행 1:15-22; :14-36)와 가르침을 듣고 배우
는 일에 전념하였다(행 2:42). 이렇게 말씀과 기도에 전
념하는 가운데, 오순절에 예루살렘에 왔다가 마가 다락
방 중심으로 예루살렘에서 행하여진 성령의 놀라운 역
사(work)를 보고서 자기 땅으로 각기 돌아갔던 십여 개
나라의 사람들과 더불어 세계 복음화를 구상하게 되었

다.(참고, 행 2:9-13).

세계 복음화의 실제적인 구상은 말씀과 기도에 집중하고 전념함으로써 가능케 된다.

1. 말씀 집중

언약의 여정을 제대로 걷고 세계 복음화의 꿈을 이루려면 성령의 조명을 받아 성경 말씀을 깊이 묵상하는 가운데 하나님의 임재를 체험하고 하나님의 세미한 음성을 들을 수 있어야 한다. 성경을 묵상하여 말씀에 집중하는 방법 중에 교회 역사상 가장 전통적인 것이 Lectio Divina(렉시오 디비나, Spiritual Reading)이다. 이 방법은 6C에 성 베네딕트에 의해 시작되고 12C에는 귀고(Guigo)에 의해 발전되었으며, 오늘날에는 천주교회에서 체계적으로 훈련되고 있으나, 개신교회에서는 QT(경건의 시간을 통해 말씀 묵상하기)하는데 널리 사용되고 있다. 성서 유니온의 「매일 성경」이 대표적인 QT 교재이고, 여러 선교 단체들에서 만들어 사용하는 교재들도 있다.

영적으로, 즉 성령의 비추임(또는, 조명)을 통해서 성경을 읽고 묵상하는 훈련인 Lectio Divina에 의하면, 성경 묵상의 목적은 하나님에 대한 지식을 위한 지식(informational knowledge)을 얻는데 있지 않다. 살아계신 하나님과의 만남을 가지고서 하나님을 인격적으로 관계적으로 아는 지식(personal and relational knowledge)을 누리는데 있다. 성경은 하나님을 만나 사귐을 갖고, 하나님의 음성을 들어 그의 뜻을 알고 하나님과 동행하는 삶을 위한 책이다. 그래서 Lectio Divina 는 성경 말씀을 눈으로 보고, 입으로 소리내어 읽고, 귀로 듣고, 가슴으로 느끼고, 손과 발로 실천하는 영성의 훈련이다.

복 있는 그리스도인은 오직 여호와의 말씀을 즐거워하여 주야로 묵상하고(시 1:2), 간절한 마음으로 받아들여 날마다 깊이 생각하여(행 17:11), 그의 입의 말과 마음의 생각이 주님 앞에 열납되기를 원한다(시 19:14). 시편 119편에 의하면, 하나님의 말씀을 사랑할 뿐 아니라(20, 97절), 하나님 자신을 사랑하기 때문에(10, 57절) 그 말씀을 깊이 묵상하고(15, 48, 97, 148절), 그 말씀을 위해 기도하며(18, 22, 26, 149절), 그 말씀을 가지고 명상하고(103, 165-166절), 그 말씀을 인하여 찬미하며(7, 48, 171, 175절) 그 말씀에 순종한다(5, 17, 56, 168절).

Lectio Divina의 방법은 다섯 단계로 되어 있다.

1) 준비 : 마음 집중(Concentrating)

하나님과의 깊은 만남과 사귐을 위해서는 조용한 시간과 장소, 예컨대, 새벽(시 5:3)이나 늦은 밤(시 17:3; 42:8), 골방(마 6:6)이나 예배당(행 1:13) 또는 산(눅 6:12)을 확보해야 한다. 그리고 성경을 펴기 전에 성령의 인도하심을 바라면서 기쁜 마음으로 하나님께 순종할 준비가 되어야 한다. 사무엘처럼, "말씀하소서. 주님의 종이 듣습니다."(삼상 3:10)하거나, 마리아처럼, "보소서, 나는 주님의 여종입니다. 주님의 말씀대로 내게 이루어지기를 바랍니다."(눅 1:38)라고 간단하게 기도하며 준비한다.

2) 말씀 읽기(Reading) : 듣기(Listening)

기록된 책인 성경은 말하는 입과 듣는 귀를 필요로 한다. 읽고 듣는 방법과 순서로는, 우선 정해진 본문을 전체적으로 훑어 읽는다. 그 다음 천천히 소리내어 읽으면서 주요한 단어나 구절에 주목한다. 관주, 관련된 성구 또는 병행구들을 찾아본다. 그리고 서너 차례 읽으면서 본문의 흐름을 파악한다.

3) 말씀 묵상(Meditation) : 되새김(Pondering)

구속사적 흐름, 주제, 목적, 역사적 배경, 문맥 등을 고려하여 본문의 어떤 단어나 구절을 집중적으로 묵상하고 되새김질한다. 본문 말씀을 내면화시키고 소화하여 현재적으로 이해한다. 본문에 문자적으로 나타나 있지 않고 행간에 숨어있는 배경이나 상황을 깊이 생각하고 성경의 저자이신 하나님과 살아있는 대화를 나눈다. 묵상의 결론은 감사와 신뢰와 순종이다.

실례로, 창세기 1:1-2을 묵상해 보라. 우선 '하나님'이라는 호칭에 주목한다. 창세기 1장에 '하나님'이라는 호칭이 무려 31회나 반복 사용된 점을 유념한다. 하나님이 천지의 창조주이신데, 우리는 하나님을 너무 쉽게 잊고 산다. (참고, 벧후 3:5-6)

다음으로, '태초에' 라는 단언에 집중하게 되면, 요한복음 1:1과 요한일서 1:1을 찾아 보게 된다. 영원 속에 계시는 하나님이 말씀으로 시간을 만드시고 시작되게 하셨다. 하나님의 창조 사역은 시간의 시작과 함께 이루어졌다. 낮과 밤, 징조와 계절과 해(year)등 시간표를 하나님이 만드셨다(창 1:14). 인간의 삶에는 시간과 시간표가 기본적으로 가장 중요한 자원(resource)인 것이다. 하나님이 주신 시간을 선용하는 것이 믿음이요

순종의 지름길이다.

'어둠이 깊음 위에 있고, 하나님의 영이 수면 위에 감돌고 있었다.' 이 구절에서 보면, 하나님의 처음 거처가 깊은 어둠이었다. 하나님의 창조 당시 최초의 거처는 깊은 어둠이었다(참고, 시 18:11; 97:2; 출 20:21). 깊은 어둠의 물덩이 위에 성령이 강력하게 움직이시면서 빛이 창조되었다. 역사(history)는 밤에 이루어진다는 말이 있듯이, 깊은 어둠 속에서 성령의 활발한 움직임과 함께 하나님의 창조 사역이 시작되었다.

4) 기도(Prayer) : 하나님께 대한 반응(Responding)

말씀을 묵상하고 되새김하는 가운데 기도로 그 말씀에 적극적으로 참여하고 자신에게 적용시킴으로 하나님께 우리의 반응을 보인다. 말씀에 대한 우리의 반응이 기도이다. 하나님께서는 그의 말씀을 통해서 우리가 벌떡 일어나 걸으며 뛰며 찬미하는 가운데 구체적으로 순종하고 하나님의 역사에 참여하기를 원하신다. 하나님을 향하여 우리 자신에 대해서는 회개하고 감사하며, 이웃과 나라와 민족과 세계 복음화를 위해서는 중보기도를 할 수 있어야 한다.

창세기 1:1-2의 경우, 하나님께 더욱 친밀히 가까이 하되 시간의 선용과 나를 향한 하나님의 시간표를 확인하고 기도한다. 어둠 속에서 오히려 성령으로 역사하는 하나님의 섭리를 따라 오늘의 어두운 세대 속에서 하나님의 하시는 일을 찾아 순종할 것을 결심하며 기도한다.

5) 명상(Contemplation) : 하나님이 주시는 평온함(Resting)

명상은 불교가 가르치는 바, 한적한 곳에서 단순히 조용하게 홀로 지내는 것이나, 감정적 정신적으로 평온한 것이나, 자기의 생각이나 욕망을 비우는 것이 아니다. 성경적 명상은 말씀 속에서 말씀과 함께 하나님의 임재를 느끼고 체험하며 하나님께 순종을 결심함으로써 평온함과 감사함을 얻어 하나님을 깊이 즐거워하고 하나님으로 만족하는 것이다. 성령의 충만함과 인도하심, 예수 충만, 말씀 충만, 은혜 충만의 누림이 참된 명상이다. 세계 복음화의 꿈을 위해 언약의 여정을 기쁘게 걷는 것이 성경의 명상이다.

2. 기도 집중

기도는 믿음의 으뜸가는 영속적인 연습(cheif perpetual exercise of faith)이다. 말씀으로 살아있는 믿음은 반드시 기도로 표현되는 것이다. 믿음은 기도로 표현되어 행사되고, 기도는 믿음을 훈련시켜 튼튼하게 만든다. 하나님의 자녀들의 기도는 하나님의 부성애(fatherly care)와 선하심에 대한 믿음과 체험에 의해서 고취된다(참고, 시 18:7). 그리고 기도는 하나님 아버지의 용서의 긍휼에 근거한다.

이 기도에는 반드시 하나님께 대한 경배(adoration), 죄의 고백(confession of sins), 감사(thanksgiving), 그리고 중보기도(supplication)가 포함되어야 한다. 다시 말해서, 하나님을 찬미하는 것(praise), 회개하는 것(repent), 간구하는 것(ask), 그리고 순종하는 것(yield)이 기도에는 포함된다. 영어 단어의 첫글자들을 모아 보면 ACTS 또는 PRAY로 기도의 요소들이 표현되는 것이다. 이 기도는 하나님 아버지께 성령 안에서 예수님의 이름으로 한다.

기도가 신앙의 순수한 표현이 되기 위해서는 하나님의 말씀에 기초되어야 한다. 하나님의 말씀에 의하여 시작되어 하나님을 찾으며 그의 존전으로 나아갈 수 있게 한다. 하나님의 말씀 위에 기초하게 될 때, 우리는 참으로 담대하게 하나님의 은혜의 보좌 앞으로 나아갈 수 있다. 그리고, 기도는 하나님의 말씀에 의하여 틀이 형성되고 방향이 정해진다. 성경 말씀의 약속들을 붙잡고 깊이 묵상함으로써 기도가 뜨거워진다.

우리의 기도가 하나님의 말씀 위에 기초하여 시작되고, 그 말씀에 의하여 성령께서 기도의 틀을 만들어 주시는 까닭에 말씀에 의하여 당연히 제한된다. 우리의 마음의 정욕적인 생각이나, 헛된 생각, 그리고 순간적인 감정적 충동 등을 말씀이 억제시켜 주는 것이다. 참된 기도는 자기를 부인하고 억제하며, 하나님이 말씀으로 약속한 것 이상을 구하지 아니하고, 하나님께 기쁨으로 순종하게 한다.

효과적으로 정욕을 억제하고 자기를 부인하는데 있어서 적절한 방법 중에 하나가 금식이다. 금식은 예수님의 제자를 제자다운 제자, 능력 있는 제자, 헌신된 제자, 충성스런 제자로 삶을 사는데 크게 유익하다.

효과적인 금식을 위해서는 먼저 금식하는 기간을 정한다. 하루, 3-4일, 일주일, 열흘, 2주일, 3주일, 또는 40일 중 하나를 정하여 하거나, 하루에 한 끼씩 여러날을 할 수도 있다. 단식(음식 뿐 아니라 물도 마시지 않는 금식)은 3일을 넘겨서는 안 되고, 금식도 40일을 넘지 않는 것이 좋다. 정상적인 금식은 믿음의 분량, 환경적 형편, 신체적인 상태를 고려해서 한다. 마음에도 없이, 즉 준비 없이 억지로 하는 금식은 삼가야 한다.

건강한 금식을 위해서는 동기와 이유와 목적을 분명히 해야하고, 성령께서 준비시켜 주셔야 한다. 그리고 금식 기간 중 몸에 위험을 초래할 수 있는 회충을 제거할 필요가 있으면 한 주 전에 구충제를 복용하고, 당뇨, 임신, 심장 질환이 있으면 삼가야 한다. 읽을 성경, 경건 서적, 기도 제목을 준비하고, 가벼운 운동으로 기초 체력도 미리 쌓는다. 가능하면 금식 기간 중 기도 후원자들에게 중보 기도를 부탁하면 영적 결투하는데 힘이 된다.

금식 중에는 기도와 성경 묵상에 집중하고, 오전 오후로 30분씩 산책하며 걷기 운동을 하여 장이 꼬이는 위험을 예방한다. 10일 이상 금식 하는 경우는 몸에 남아 있는 숙변 제거를 위해 셋째날 약물이나 한 줌의 천일염을 음용한다. 숙변이 제거되어야 장 속이 깨끗해져 목구멍으로 악한 냄새가 솟아오르지 않는다. 식사 때에 맞추어 한 공기 정도의 미지근한 물을 매일 3회 정도 마시고, 소금으로 양치질을 하여 필요한 염분을 섭취한다.

금식 후에는 음식을 먹는데 특별한 주의를 기울여야 한다. 10일 이상 금식한 경우는 묽은 미음, 죽, 부드러운 흰쌀밥과 싱겁고 순한 생조기국 등을 날자를 두고 순서대로 먹는다. 정상적인 식사는 4-5일이 지난 후에 하되, 육식은 피하는 것이 좋다. 그리고, 영적으로 확신과 능력이 충만해져 교만해지면 안되고, 남을 판단해서도 안 된다. 철저하게 겸손하고 온유하며 절제해야 한다.

말씀 위에 기초하여 말씀을 가지고 적절하게 금식하며 하는 기도는 육신의 정욕이나 감정적 충동을 억제하여 하나님의 음성을 듣는데 준비되어 있어 하나님의 언약의 여정을 걸으며 세계 복음화의 꿈을 가지고 구체적으로 구상하는데 적절하다.

3. 237개 나라를 위한 구상

예루살렘의 초대교회는 오순절 성령의 역사를 목격하고 체험한 십여개 나라의 성도들의 민족과 나라 살릴 구상(iamge)을 말씀과 기도로 준비했다. 그래서 빌립과 바나바와 바울 등을 통해서 복음 선포의 기회를 찾았다.

20세기 후반부터 세계선교의 주축으로 떠오른 한국교회는 더욱 말씀과 기도에 집중하여 교회마다, 그리고 선교 단체마다 선택적으로 나라와 민족을 정하여 세계복음화에 참여해야 한다. 또한 최근 우리나라를 찾아온 백만 명에 가까운 외국인 근로자들과 그들의 가족과 자녀들을 선교의 주요 대상으로 정하여 복음을 전하므로 세계 복음화의 일꾼들을 양육해야 한다.

특히, 한국교회는 이웃 일본교회와 중국교회와 협력할 때 237개 나라를 살리는 선교를 효과적으로 할수 있을 것이다. 일본과 중국의 교회들과 연합하고 협력할 때 그들이 가지고 있는 정치적, 경제적, 문화적 이점들을 우리가 폭넓게 활용할 수 있기 때문에, 선교의기회가 훨씬 많아질 수 있다. 또한 탈북한 성도들은 선교의 자원으로 양육하면 앞으로 북한 복음화가 활발해져, 세계 복음화의 발판이 될 수 있다. 세계 주요 지역에 거점들을 확보하면 더욱 효과적으로 세계 복음화의꿈을 이룰 수 있을 것이다.

실천(Practice)

사도행전 2:14

제5장

실천(Practice)

사도행전 2:14

베드로가 열한 사도와 함께 서서 소리를 높여 그들에 말하였다.
유대인들과 예루살렘에 사는 모든 사람들아
이 일을 너희로 알게 할 것이니
내 말에 귀를 기울여라.

복음은 운동의 시스템을 통해 실천됨으로써 복음화로 이어진다. 운동이 없는 복음은 구원에 이르는 능력을 발휘하지 못한다. 언약의 여정은 복음 운동과 함께할 때, 하나님의 비전을 보며 세계 복음화의 꿈을 이루게 된다. 예루살렘의 초대교회가 말씀과 기도에 오로지 전념하여(행 1:14) 세계 복음화의 꿈을 꾸며(행 1:8) 하나님 나라의 비전(행 1:3)에 붙잡혔을 때, 베드로는 열한 사도들과 함께 힘차게 복음 운동을 펼치기 시작했다.

신약 시대의 복음 운동은 구약 시대의 복음 운동의 연속이며, 교회사에서 그 흐름이 이어졌다.

1. 구약의 복음 운동

구약에서의 복음 운동은 크게 두 가지로 행해졌다. 언약의 여정이 성막 중심의 복음 운동과 선지자 중심의 복음 운동을 통해서 이루어졌다. 성막 운동과 언약의 여정이 깊이 연관되어 있었던 것이다. 모세를 통해서 하나님이 행하신 출애굽의 해방과 구원은 성막 운동으로 이어졌다. 모세는 성막을 세움으로 이집트와 가나안 일곱 족속을 무너뜨릴 수 있었다.

그러나 모세와 그의 후계자 여호수아가 죽은 후 이스라엘 족속들은 성막의 중요성을 알지 못하고 우상 숭배하다가 블레셋과 미디안 등 여러 원수들에게 약탈을 당하며 하나님이 내리신 재앙으로 그들의 고통이 심하였다(참고, 삿 2:8-15). 특히 사무엘이 성장하던 때 엘리 제사장과 그의 아들들이 언약궤에 담긴 중요성을 알지 못하고 믿음 없이 언약궤를 붙들고 있다가 블레셋의 침략을 받아 언약궤를 빼앗기고 말았다(삼상 4:1-11). 어려서부터 하나님의 성막과 언약궤의 중요성을 알고서 성막의 언약궤 옆에서 지내면서 여호와의 음성을 들었던(삼상 3:1-21) 사무엘의 기도로 언약궤를 블레셋으로부터 되찾아왔다(참고, 삼상 7:1-14).

사무엘로부터 기름 부음을 통해 왕으로 세움 받은 다윗은 사무엘에게서 언약궤의 중요성을 배웠고, 그래서 언약궤를 모실 성전 건축을 준비할 수 있었다. 언약궤와 함께하는 성전 운동을 통해서 다윗과 이스라엘 백성은 하나님의 영광을 다시 볼 수 있게 되었던 것이다.(삼하 6:1-15).

솔로몬 이후 이스라엘 나라가 남북으로 분열되고, 북이스라엘 왕국의 경우는 여로보암과 아합과 이세벨에 의해서 우상숭배가 자행되고, 남유다 왕국의 경우는 아합의 사위된 여호람과 아달랴 그리고 므낫세와 여호야김 등에 의해 우상을 섬김으로 이스라엘 백성은 예루살렘 성전이 파괴되고 언약궤도 빼앗기고 예배(제사)도 무너지는 재앙을 당했다. 북이스라엘은 아시리아(또는, 앗수르)에게 멸망당하고(왕하 17:1-23), 남유다왕국은 바빌로니아(또는, 바벨론)에게 성전을 파괴당함은 물론 포로로 잡혀갔다(왕하 25:1-12).

이 때 언약을 회복한 소수의 사람들(에스라, 느헤미야, 스가랴, 학개 등)을 통해서 성전 재건 운동이 있었다(참고, 학 1:14-2:9; 슥 4:9; 느 2:18; 6:15; 7:1-3). 하나님은 이들에게 성전의 영광을 보면서 언약의 여정을 걷는 가운데 흑암 권세를 무너뜨리고 후대와 미래를 살릴 응답을 주셨다. "그날에 많은 이방 민족이 여호와께 연합되어 그 분의 백성이 될 것이고, 그 분은 너희 가운데 거하실 것이며, 그 때에 너는 만군의 여호와께서 나를 네게 보내셨음을 알게 될 것이니, 여호와께서 그 거룩한 땅에서 유다를 그의 소유로 삼으시고, 예루살렘을 다시 선택하실 것이다. 모든 육체는 여호와 앞에서 잠잠하여라. 여호와께서 그 거룩한 거처에서 일어나시기 때문이다."(슥 2:11-13).

한편, 성막(또는, 성전) 중심의 복음 운동과 함께 선지자들을 중심으로 한 복음 운동이 있었다. 사사시대 이후 하나님이 세우신 최초의 선지자는 사무엘이었다. 여호와께서 실로에서 사무엘에게 여호와의 말씀으로 자신을 나타내시어 여호와의 선지자로 세우시고, 그와 함께 하시어 그의 모든 말 중 하나라도 땅에 떨어지지 않게 하셨다(삼상 3:19-21). 사무엘은 미스바에서 금식 기도를 선포하여 블레셋으로부터 이스라엘을 구했고(삼상 7:5-14), 이 미스바 운동이 실패되지 않게 선지자 학교를 세워 선지 생도들을 양육하였다(참고, 삼상 10:5, 10).

아합왕 시대에 오바댜는 선지 생도 백 명을 보호하였던 바, 하나님은 어둠의 세대에도 엘리야와 선지자들을 세우셨다(왕상 18:1-4). 엘리야는 갈멜산에서 아합과 이세벨이 세워놓은 팔백 오십명의 바알과 아세라 선지 자들을 패배시키고 죽였다(왕상 18:20-40). 하나님은 선 지자 엘리야를 통해 갈멜산의 영적 전투를 통해 흑암 세력을 무너뜨리신 것이다.

엘리야는 갈멜산 전투에서 비록 승리하였으나 지 쳐 쓰러지고 말았다(왕상 19:4, '로뎀 나무 아래 누워 잠 이 들었다.'). 하나님은 천사를 보내어 지쳐 쓰러진 엘리 야에게 먹을 것을 주어 힘을 얻게 하고, 사십 주야를 걸 어 호렙산에 이르게 하셨다. 하나님은 힘이 빠진 엘리 야에게 칠천 명의 남겨진 제자가 있음을 알려 주고, 엘 리사를 찾아 자기를 대신할 선지자로 키우게 하셨다(왕 상 19:16-18). 이처럼 하나님은 호렙산 운동을 통하여 언 약의 흐름을 이으시고, 선지자로 하여금 언약의 여정을 걸을 수 있게 하셨다.

엘리야의 후계자로 세움을 받은 선지자 엘리사는 스승이었던 엘리야에게 임했던 성령의 은사를 두 몫이 나 자신에게 달라고 구하였다(왕하 2:9). 그가 구하여 받 은 성령의 은사와 능력으로 그는 도단성에 있으면서 아 람 군대와 싸우지 않고서도 그 군대에게 승리했다(왕 하 6:8-23). 하나님의 언약을 붙잡고 오직 복음만 전하며 복음 운동을 펼쳐 엘리사는 승리할 수 있었던 것이다. 이렇듯, 하나님의 사람들이 언약과 언약의 여정 속에 있어 복음 운동을 펼치면 영적 싸움에서 반드시 승리한다.

2. 신약의 복음 운동

말씀과 기도에 오로지 전념하여 세계 복음화의 꿈을 안고서 하나님 나라의 비전을 붙잡은 베드로는 열한 사도들과 함께 복음 운동을 시작했다(행 2:14). 선지자 요엘을 통해서 하나님의 약속한 성령 부어 주심이 오순절 날에 마가 다락방에서 성취된 것을 목격하고 체험한 베드로와 열한 사도들은 마침내 복음 운동을 전개하여 단번에 약 삼천 명이나 하나님 나라에 참여하게 할 수 있었다(행 2:37-41). 그들이 힘을 내어 가르치는 일과 빵을 떼는 일, 그리고 기도하는 일에 전념하여 복음 운동을 펼쳐 나가자 기적과 표적들이 일어나고 날마다 구원 받는 자들의 수가 늘어났다(행 2:42-47).

이 복음 운동은 먼저 사도들에 의하여 예루살렘 중심으로 활발해졌다(행 6:7). 그러나 이 복음 운동은 몇 날이 지나지 않아 큰 박해를 받게 되었고, 그리스도의 제자들이 유대와 사마리아의 여러 마을들로 흩어짐으로써 오히려 확산되었다(행 8:1). 이처럼 흩어진 제자들을 통하여 복음 운동이 확산되어 유대와 갈릴리와 사마리아 온 지역에서 교회들이 든든히 세워져 가고, 성도들의 수가 더 크게 늘어났따(행 9:31). 예수님이 말씀하신 바, 사도행전 1:8대로, 예루살렘과 온 유대와 사마리아까지 복음이 확산되기에 이르렀던 것이다.

하나님의 특별한 환상대로 가이사랴에 주둔한 이탈리아 부대라고 불리는 군대의 백부장 장교인 고넬료와 그의 가족에게 베드로가 예수는 그리스도이심을 전하자 그들에게 성령이 임하여 방언을 말하고 세례를 받음으로, 하나님의 말씀 운동이 이방인들에게까지 확산되는 계기가 마련되었다(행 10:44-11:1). 이 때에 스데반에게 일어난 박해 때문에 흩어진 제자들이 사마리아의 경계를 넘어 페니키아(또는, 베니게)와 키프로스(또는, 구브로)와 시리아(또는, 수리아)의 안디옥 까지 두루 다니면서 유대인들 뿐만 아니라 이방인인 헬라인들에게도 복음을 전하게 되었다(행 11:19-21). 이에 예루살렘 교회가 바나바를 안디옥으로 보냈고, 바나바는 다소로 가서 바울을 데리고 와 일 년 동안 함께 많은 무리들을 가르쳐 제자 삼아 그리스도인이라고 불리게 되었다(행 11:22-26). 이로써 하나님의 말씀이 계속 퍼져 나가서 믿는 제자들이 크게 늘어나 복음 운동이 더욱 활발해졌다(행 12:24).

복음 운동의 전략적 거점이 된 안디옥 교회는 마침내 바울과 바나바를 따로 세워 선교사로 파송하게 되었다(행 13:1-3). 1차 선교여행에서는 바울과 바나바가 팀을 이루어 복음을 전했으나, 2차 선교 여행부터는 바울은 실라와 디모데 및 누가와 함께, 그리고 바나바는 마가와 함께 복음 운동을 펼쳐 나갔다(참고, 행 15:39-41; 16:1; 16:11). 세 차례의 선교 여행을 통해서 바울과 그의 팀은 소아시아 지역은 물론 헬라 지역까지 복음을 전하되, 특별히 빌립보, 데살로니가, 고린도 그리고 에베소 등지에서 활발하게 복음 운동을 했다(참고, 행 16:11-15; 17:1-4; 18:1-11; 18:24-19:12). 이렇게 해서 소아시아와 헬라의 주요 도시들에서도 주님의 말씀이 힘있게 퍼져 나가고 복음 운동은 점점 강하여졌다(행 19:20).

이렇게 3차 선교 여행이 마무리 되어 갈 무렵에(행 19:21 상, '이 일이 다 이루어진 후에'), 바울은 성령 안에서 결심하고 "내가 거기에(예루살렘에)간 후에 로마도 보아야 하겠다."고 선언했다(행 19:21하). 로마 선교 여행에 대한 바울의 결심을 주님께서도 '그의 곁에 서서' 격려해 주시면서, '담대하라. 나에 관한 것들을 로마에서도 증언하여야 한다.'고 말씀하셨다(행 23:11). 바울의 로마를 향한 복음 운동을 주님께서 친히 강하게 추진해 주신 것이다.

마침내, 가이사랴 감옥에 갇힌 후 2년의 세월이 지나(행 24:27) 바울은 죄수의 몸으로 우여곡절 끝에 로마에 도착하여, 2년 내내 자신의 셋집에 머물면서 자기에게 오는 이들을 다 영접하여, 로마서 16장에 언급된 동역자들(브리스가와 아굴라 부부 등 26명)과 함께 하나님 나라를 선포하고, 주 예수 그리스도에 관한 것들을 아무런 방해도 받지 않고 담대하게 가르쳤다(행 28:30-31). 하나님의 복음 운동이 마침내 로마에서도 일어나게 된 것이다.

바울은 로마에서 복음 운동이 활발해지면, 로마교회의 후원을 받아 땅끝까지, 곧 스페인(또는 서바나)까지 가서 복음을 전할 계획을 세워 놓았다(롬 15:22-24). 사도행전 1:8대로, 바울에게 성령의 권능이 임하여 예루살렘에서 시작된 복음 운동이 유대와 사마리아는 물론 시리아와 소아시아와 헬라를 넘어 로마와 스페인까지, 아니 땅끝까지 확산 되는 것이었다.

3. 교회사의 복음 운동

초대교회가 예루살렘의 마가 다락방에서 시작된 복음 운동을 단숨에 로마까지 확산시킨 후, 성령의 복음 운동은 중세 교회의 1000년 동안 로마에서 정체된 듯했다. 물론, 중세 교회에서도 수도원 중심으로 복음 운동이 부분적으로는 꿈틀거리고 있었다.

1517년 루터에 의해 종교개혁 운동이 시작되고, 요한 칼빈에 의해서 프랑스와 스위스 및 북유럽 지역으로 확산되었다. '오직 성경, 오직 예수, 오직 은혜, 오직 믿음으로' 등을 복음의 원리로 삼고서 복음 운동이 불타오르게 되었다. 이 복음 운동은 17세기에 청교도들이 대서양을 건너가 미국에서 확산시켰다. 18세기에는 조나단 에드워즈와 같은 대부흥운동가가 나타나 복음 운동에 더욱 불을 지폈고, 영국의 웨슬리 형제와 무디 등에 의해 더욱 활발해졌다. 이 복음 운동은 마침내 19세기에는 태평양을 건너 일본과 한국으로 옮겨졌고, 20세기에 한국에서 더욱 힘을 얻은 복음 운동은 중국과 동남아시아와 중동지역으로 확산되기에 이르렀다.

복음 운동은 성령의 바람을 타고 서쪽으로 움직여 왔다. 한국 교회는 하나님의 특별한 섭리 속에서 복음 운동의 거점이 되어 세계복음화의 흐름을 이어가고 있다.

🌱 맺는 말

"그러나 성령이 너희에게 임하시면, 너희가 능력을 받고 예루살렘과 온 유대와 사마리아와 땅 끝까지 이르러 내 증인이 될 것이다."(행 1:8).

사도행전 1:8은 십자가 상에서 구속(redemption)을 성취하신 그리스도이신 예수님이 승천하시기 전에 제자들에게 남겨주신 그의 언약의 마지막 말씀이다. 이 언약의 말씀을 붙잡고 복음 운동을 펼치며 언약의 여정을 걸을 때 하나님 나라의 비전이 보이고 세계 복음화의 꿈이 사실적으로 이루어진다.

복음의 생명력이 지난날 왕성했던 유럽과 미국의 많은 교회들이 이제는 영적으로 크게 쇠약해졌기 때문에, 우리는 그들이 놓쳐버린 복음을 회복해야 한다. 우리가 복음을 놓쳐 혹이라도 재앙과 진노를 당하기 전에 복음 운동의 흐름과 역사를 보며 그리스도와 그의 복음이 필요한 이유를 확실하게 발견하고, 그리스도가 모든 문제의 해결자이시오, 모든 것 되시며(골 3:11), 그분만으로 충분하다는 사실을 진심으로 믿어야 한다. 이로써, 사탄 마귀를 파멸시키고 승리하여(골 2:15) 하나님의 나라와 의(정의, 공의, 공정)을 구하는 비전을 붙잡아야 한다.

하나님 나라의 비전은 세계 복음화의 꿈을 통해 이 땅에서 지금 실제로 이루어진다. 초대교회의 사도 바울이나, 종교개혁 운동의 루터와 칼빈, 17C 이후의 청교도들과 대부흥운동가들이 마가 다락방에서 처음 성취된 언약의 흐름속에서 복음과 언약을 붙잡아 하나님의 나라를 이 땅에 임하게 하였다.

성령의 흐름 속에서 결정적 계기마다 하나님은 교회가 오로지 기도와 말씀에 집중하고 전념하게 하여 복음 운동이 확산되고, 생명을 살리는 역사가 복음 현장의 각 나라마다 일어나게 하셨다. 이제 세계 복음화의 목표는 전 세계 237개 나라를 복음으로 살려내는 것이다.

하나님은 이 땅에 남은 자들을 그의 제사장 나라로 삼아 복음을 선포하고 전하여 세상을 구원하시기를 원하신다. "하나님께서는 모든 사람이 구원을 받으며 진리를 알게 되기를 원하신다."(딤전 2:4). 그러기에, 오늘 우리는 언약(Covenant), 비전(Vision), 꿈(Dream), 구상(Image), 그리고 실천(Practice)을 따라서 언약의 여정을 성실하게 걸어야 한다.

생명을 가진 자들의 영적 언약 공동체인 교회는 새 언약의 중보자인 예수 그리스도만을 알고 자랑하며 생명의 언약(Covenant)을 굳게 붙잡는다. 이 언약을 가진 교회는 생명을 전하는 하나님 나라의 비전(Vision)을 본다. 그리고 세계 복음화의 꿈(Dream)을 위해 생명을 건다. 교회는 말씀과 기도에 집중하여 생명을 누리는 가운데 237개 나라 살릴 구상(Image)을 한다. 교회는 오늘의 삶의 현장에서 성령의 능력과 복음의 권세로 생명을 살리는 전도 운동(Practice)을 펼치며 언약의 여정을 걷는다.